錢微薇

從叢林法則到金錢智慧的經營之道

操控命運

CONTRO
DESTIN

MONEY SMART MANAGEMEN

危機中有商機，競爭中求創新！
把握人生每個機會，經營人際關係靠智慧

有效管理＋掌握資訊＋激發創造力
從把握機遇到終身學習，在金錢和情感間取得平衡
一本書讓你在競爭激烈的 21 世紀取得先機，掌握成功關鍵！

目錄

第一章
活用經營管理之道，掌握叢林法則

掌握越多越新資訊的人，越能支配他人

1950 年代末期到 1960 年代初，隨著香港商業迅速發展，李嘉誠十分看好香港地產業的成長前景，便決定將投資重心轉向經營房地產業上。

1965～1967 年，連續幾次意外事件，嚴重動搖了投資者的信心，整個香港的地價、房價處於有價無市的狀態，建築業的活動完全停頓。許多人紛紛低價拋售房屋，遠走他方，香港陷入最嚴重的房地產大危機。

獨具慧眼的李嘉誠意識到，千載難逢的機會來了！

李嘉誠不動聲色地將工廠利潤和物產租金換成現金存放，並透過不同管道收集相關資訊，不緊不慢、胸有成竹地用現金以最低的價格，收購那些急於將物產脫手、急需現金乘船而去的「有識」之士的地皮和舊樓。

這樣到了 1970 年代初期，李嘉誠已擁有了數萬平方公尺的樓宇，以穩紮穩打的態勢開始崛起於地產界，為他日後成為地產之王、稱雄商界打下了堅實的基礎。

善於利用資訊，成為李嘉誠走向成功的祕訣之一。相反地，有一些人不注重資訊，代價卻非常慘重。

在韓戰爆發前八天，歐洲一家資訊公司透過祕密管道索價 500 萬美元，向美國對華政策研究室賣一項研究成果，那成果實際上是七個字：「中國將出兵朝鮮。」

　　該研究室官員認為是無稽之談，一笑了之。直到美國在朝鮮敗退時，才有人想起這件事，雖已時過境遷，美國政府仍以280萬美元將它買下。

　　這份七字結論的研究成果，附有380頁的資料，詳盡地分析了中國的國情，充分論證了中國絕不會坐視朝鮮危機而不救，並斷定一旦中國出兵，美國將不光彩地被迫退出這場戰爭。當時索價500萬美元，相當於一架最先進的戰鬥機造價。

　　後來，當從朝鮮戰場回來的美軍指揮官麥克阿瑟將軍（Douglas MacArthur）得知此事後，不無感慨地說：「美國最大的失策是捨得花幾百億美元和數十萬美國軍人的性命，卻吝於付出一架戰鬥機的代價。」

感悟：

　　成功的道路各不相同，但有一點是相同的，那就是對資訊的利用。在當今瞬息萬變的資訊化社會，誰善於蒐集、利用資訊，誰就掌握了商場上的主動權。

格言：

　　掌握資訊越多或越新的人，就越能支配他人。

—— 佚名

創造一切條件挖掘人才

世界聞名的美國微軟公司，自 1975 年建立以來，其創辦人比爾蓋茲（Bill Gates）只用了 20 年的時間，就把他的公司發展成為世界盈利最多的企業之一。

比爾蓋茲之所以能獲得如此巨大的成功，主要在於不惜代價，想盡一切辦法去尋覓才華橫溢的菁英人才。

比如，該公司有一對夫婦，兩人都是才華出眾的軟體專家，以前曾在其他公司工作，且頗受重視。

比爾蓋茲本人幾次相邀，都被那對夫婦委婉拒絕了。那對夫婦列舉出了幾條拒絕的理由，例如不適應上班工作、住所離公司太遠、孩子無人照顧、不願中斷業餘健身活動等等。

比爾蓋茲將這些都一一記在心裡。不久，微軟公司的人事部主任便親自登門，說公司全部答應他們的要求：實行彈性工作制，在離辦公室半英里的地方為他們物色合適的公寓，並隨身攜帶了房屋結構的設計圖。另外，還為他們聯絡了專門的家事服務人員和健身房。

這對夫婦被比爾蓋茲的誠心所感動，終於答應加入微軟。後來，這對夫婦一直效力於微軟公司，且開發出多種具有競爭力的新產品，為微軟公司做出了重要貢獻。

感悟：

　　當今的世界競爭，基本上可以說是人才的競爭。一個企業要想長盛不衰，必須注重人才的挖掘和培養，為企業不斷注入「新血」；而作為個人，要想獲得成功，首先是使自己成為難得的人才。

格言：

　　博求人才，廣育士類。

—— 蘇軾

只有具有敬業精神，才能開拓出一片事業天地

　　弗雷德是美國快遞公司優比速（United Parcel Service，簡稱 UPS）的一名普通快遞人員，他負責為社區的住戶收發信件。他聽說社區內住著一位職業演說家 —— 桑布恩先生。這位桑先生一年有 160 ～ 200 天旅行在外，於是他向桑先生索要一份他的全年行程表。

　　桑先生感到迷惑不解。

　　弗雷德向桑先生解釋說：「我了解了您在外的旅行時間，就可以在您不在家時，暫時代為保管您的信件，等您回來再送過來。」

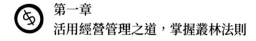

這讓桑布恩很吃驚，因為他從未碰到過這樣的快遞人員。

桑先生回答道：「沒必要這麼麻煩，把信放進信箱就好了，我回來再取也是一樣的。」

弗雷德解釋說：「竊賊經常會窺探住戶的信箱，如果發現是滿的，就代表主人不在家，那住戶就可能要遭受損失了。」

弗雷德想了想，又接著說：「這樣吧，只要信箱的蓋子還能蓋上，我就把信放到裡面。如果信箱滿了，我就把信件放在玄關門和大門之間。如果那裡也放滿了，我把其他的信留著，等您回來。」

聽了他周密的安排後，桑先生欣然同意了。

兩週後，桑布恩出差回來，一眼發現門口的腳踏墊移到了門廊的角落裡，下面還遮著個什麼東西。他走近拿起腳踏墊，發現下面有一個包裹，上面還有一張紙條。桑布恩看後，才知道了事情的緣由。

原來，在桑布恩出差期間，快遞公司把他的包裹投到別人家了。弗雷德看到桑布恩的包裹送錯了地方，就把它撿起來，送回桑布恩的住處藏好，還在上面留了張紙條，並費心地用腳踏墊把它遮住，以避人耳目。

弗雷德的身上展現了一種敬業精神，他為人們提供了人性化服務，為公司創造了一種無形價值。美國優比速快遞公司正是因為擁有一批弗雷德式的員工，因而才使得公司在市場的激烈競爭中立於不敗之地。

感悟：

一個人在工作中能不能做得出色，是否能做出成績，關鍵取決於是否有敬業精神。只有具備了這種可貴的精神，才能開拓出一片事業的天地，才能成就輝煌的人生。

格言：

一個人如果對自己的職業堅信不疑，不心懷二志，他的心裡就只知道有這個職業，只承認這個職業，也只尊重這個職業。

—— 湯瑪斯·曼（Thomas Mann）

誰臉上總是洋溢著微笑，他的人生將會一路綠燈

某次航班中，在飛機起飛前，一位乘客向空姐要一杯水吃藥。空姐很有禮貌地說：「先生，為了您的安全，請稍等片刻，等飛機進入平穩飛行後，我會立刻把水送過來給您。」

飛機進入了平穩飛行狀態 15 分鐘後，乘客服務鈴急促地響了起來，那位空姐陡然一驚：糟了，由於太忙，她忘記給那位乘客倒水了！

當空姐來到客艙，看見按響服務鈴的果然是剛才那位乘客。

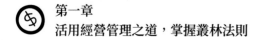

　　她把水送到那位乘客跟前，面帶微笑地說：「先生，實在對不起，由於我的疏忽，延誤了您吃藥的時間，我感到非常抱歉。」

　　這位乘客抬起左手，指著手錶說道：「怎麼回事，這都過了多久了，有妳這樣服務的嗎？」無論空姐怎麼解釋，這位乘客依然怒氣未消。

　　飛行途中，每次去客艙服務乘客時，空姐為了補償自己的過失，她都會特意走到那位乘客面前，面帶微笑地詢問他是否需要水，或者需要別的什麼幫助。然而，那位乘客仍沒有原諒她。

　　就要到目的地時，那位乘客要求空姐把意見表給他送過去，很顯然，他要投訴這名空姐。空姐儘管委屈萬分，但是仍然不失職業道德，面帶微笑地說道：「先生，請允許我再次向您表示真誠的歉意，無論您提出什麼意見，我都將欣然接受您的批評！」那位乘客臉色一變，張了張嘴，卻什麼也沒說，他接過意見表，一言不發。

　　等到飛機安全降落，所有的乘客陸續離開後，空姐本以為這下完了。沒想到，等她開啟意見表，卻驚奇地發現，那位乘客在意見表上寫下的並不是投訴信；相反地，這是一封熱情洋溢的表揚信。

　　在信中，空姐讀到這樣一句話：「在整個過程中，妳表現了真誠的歉意，特別是妳的 12 次微笑，深深打動了我，使我最終決定將投訴信寫成表揚信！妳的表現很優秀，下次如果有機會，我還會乘坐你們的航班！」

感悟：

　　在人與人相處時，不妨多多微笑，對於普通的人際關係和諧，對於與顧客關係的融洽，皆是一劑靈丹妙藥。只要你的臉上總是洋溢著微笑，你就總會面對人生、事業的綠燈。

格言：

　　缺少服務員美好的微笑，正好比花園裡失去了春天的太陽與和風。

—— 康拉德‧希爾頓（Conrad Hilton）

不屑於賺小錢，也不會發大財

　　吉邦搬家中心總公司創辦於 1989 年，僅用了九年時間，它的年營業額就增加 356 倍，達到了 110 多億美元，並從一個地區性小型公司，發展成覆蓋全美近 60 個城市、擁有眾多分公司及合夥公司的大型企業。歐洲一些國家還爭相購買它的搬家技術專利。

　　說起來，搬家並不是什麼大生意，不過是替顧客跑跑腿，工作的技術要求也不高……顯然，這生意賺錢有限，起點不高，要讓我們「天之驕子」這樣的大學畢業生去做，似乎有些「屈才」。然而，這項小生意在全美國卻有著 600 億的市場，而且也讓吉邦公司的老闆傑克做出了技術專業，達到了高標準。

　　傑克的公司開張後，果然生意很好，許多顧客都打電話提前預約。傑克經營之初就對搬家技術做過全面的了解，根據顧客的需求，他對搬家技術進行了一系列革新，開發出許多附帶的服務專案。他抓住顧客珍惜家產和怕家財外露的心理，設計了搬家專用車，把家用器具裝在這種車上，既安全可靠，又不會被路人看見。針對城市住宅多是高樓層公寓，傑克專門設計了搬家專用吊車和貨櫃，高樓層公寓居民搬家時，只要用吊車把貨櫃送至窗前即可進行作業。此外，傑克還提供多達 400 餘項搬家相關服務。

　　傑克十分重視公司的服務品質。該公司每完成一宗搬家任務後，都要請顧客填寫「完成證明書」，它的背面則是「賠償請求書」。作業人員如果連續 10 次向公司交回「完成證明書」，傑克就親自獎勵給該員工一萬美元；如果出現索賠事故或受到顧客批評，不但得不到獎金，還要被罰扣薪水。這種嚴格的業績考核方法，使公司員工都把提高服務品質與自己的切身利益緊密連繫起來。吉邦搬家中心以其優質服務和創新經營，得以在美國眾多的搬家公司中脫穎而出，並遙遙領先。

感悟：
　　大錢是由小錢累積起來的。生意總會有起伏，只盯著大生意而忽視小生意，到頭來可能大錢賺不著，小錢也丟了，甚至可能造成企業的震盪與毀滅。

格言：

　專業化的生產，只要經營得法，即使一把小小的椅子，也能向世界進軍。

—— 松下幸之助

只要用心去做，小生意也能成大事業

多年前，失業在家的源太郎在一個偶然的機會下，從一位美國軍官那裡學會了擦鞋，他很快就迷上了這種工作，只要聽說哪裡有好的擦鞋匠，他就千方百計地趕去請教、虛心學習。

日子一天天地過去了，源太郎的技藝越來越精，顧客也越來越多。他的擦鞋方法別具一格：不用鞋刷，而用木棉布繞在右手食指和中指上代替，鞋油也自行調製。那些早已失去光澤的舊皮鞋，經他匠心獨運地一番擦拭，無不煥然一新，光彩照人，而且光澤持久，可保持一週以上。

源太郎擦鞋的精湛技藝，打動了東京一家名叫「東急凱彼德」的四星級飯店，他們將源太郎請到飯店，專門為飯店的顧客擦鞋。

令人驚訝的是，自從源太郎來到「東急凱彼德」之後，演藝界各路明星一到東京便非「東急凱彼德」不住；一向苛刻挑

剔的明星們對此情有獨鍾的原因聽起來也非常簡單，就是享受一下該店擦鞋的「五星級服務」。當他們穿著煥然一新的皮鞋翩然而去時，他們的心裡牢牢地記下了源太郎的名字。

　　源太郎爐火純青的擦鞋技術、一絲不苟的精神和非同凡響的效果，為他贏得了眾多顧客的青睞。他的老主顧不只來自東京、京都、北海道，甚至還有香港、新加坡等地。在他簡樸的工作室內，堆滿了發往各地的快遞紙箱。如今的源太郎，早已成為「東急凱彼德」的一塊金字招牌。

> 感悟：
>
> 　　其實無論大事或小事，關鍵在於你的努力程度，只要你用心去做，小事也就成了大事。偉大來自於平凡，奇蹟源於細節。用心經營小生意，小生意裡也突顯商業機會，也會成就大業。

> 格言：
>
> 　　不要把手伸到各個方面，應充分運用自己的特長，在某個專門領域爭取達到世界第一。
>
> —— 竹中新策

把尊重合作者當作壓倒一切的主題，自然能充分提升其積極性

美國德州一家著名電視機廠經營不善，瀕臨倒閉。老闆焦思苦慮，決定請日本人管理這家工廠。日本人採取了兩項看似「雕蟲小技」的改革措施，七年後，這家由日本人管理的美國工廠，產品的數量和品質都達到歷史最高水準。

日本人採取了什麼方法呢？第一、新任經理邀請員工喝咖啡，還贈送每人一臺收音機。經理說：「你們看看，這麼髒亂的環境怎麼做好生產呢？」

於是大家一起動手，清掃、粉刷了廠房，使工廠的面貌為之一新。

第二、經理不僅僱請年輕力壯的人，而且把以前被該廠解僱的老員工全部召集回來，重新僱用。

這樣一來，工人們感恩戴德，生產效率急轉直上。

世界零售業的大廠沃爾瑪（Walmart）公司不把員工視為僱員，而是合夥人。因此，公司的一切人力資源制度都展現著這一理念，除了讓員工參與決策之外，還推行一套獨特的薪酬制度。

利潤分享計畫：凡是加入公司一年以上，每年工作時數不低於 1 小時的所有員工，都有權分享公司一部分的利潤。公司根據利潤情況按員工薪資的一定比例提撥，一般為 6%。

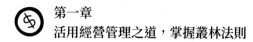

　　員工認股計畫：本著自願的原則，員工可以購買公司的股票，並享有比市價低 15% 的折扣，可以交現金，也可以用薪資抵扣。目前，沃爾瑪 80% 的員工都持有公司的股票，真正成為了公司的股東，其中有些成為百萬和千萬富翁。

　　損耗獎勵計畫：店鋪因減少損耗而獲得的盈利，公司與員工一同分享。

　　沃爾瑪公司成立 40 多年，目前已成為世界零售業鉅子，並連續多年榮登《財富》（*Fortune*）雜誌世界 500 強企業和「最受尊敬的企業」排行榜。

感悟：

　　每個人都渴望得到尊重，視雇員為合夥人，雇員感到自己得到了公司的尊重，就會以主角的姿態去對待工作。員工把工作看作自己的事業，而不是僅僅看作賺錢的手段，他所展現出來的工作積極性和創造力是非凡的。

格言：

　　在那些優秀公司裡，尊重個人是壓倒一切的主題。

—— 湯姆・彼得斯（Tom Peters）

對員工的情況瞭如指掌，管理起來將駕輕就熟

對日本人來說，泡茶招呼客人是一個重要的禮節，如果泡的茶不好喝，客人常會直接推斷這家公司一定管理不好，所以泡茶事小，卻關係到公司的名譽。

有一位大學畢業的女孩，非常嚮往記者的工作，於是去新聞機構應徵。她被錄取了，但是由於沒有記者的空缺，主管叫她暫時做一些為同事泡茶的工作。她不太情願地同意了，每天為同事泡茶、倒茶。

三個月過去了，她開始沉不住氣了，心裡總是抱怨：「我好歹也是大學生，卻天天來為你們泡茶！」這樣一想，心裡真不是滋味，她泡茶就不像從前那樣愉快，泡出來的茶也就一天不如一天了，但她並未察覺。

又過了一段時間，有一天她泡好茶端給經理喝，經理喝了，就大罵起來：「這茶怎麼泡的？難喝得要命！虧妳還是大學畢業呢，茶都泡不好。」

她真的氣炸了，幾乎哭了出來：「誰要在這個鬼地方繼續泡茶呢！」

正準備當場辭職的時候，突然來了重要訪客，必須好好招待。她只好收拾起不滿與委屈，心想：反正要離開了，就好好泡一壺茶吧！於是，認真地泡了好茶。

當她把茶端進去，給客人和經理倒好，轉身剛要離開時，

突然聽到客人由衷的一聲讚嘆：「哇！這茶泡得真好。」別的同事，連那位罵她的經理都端起自己的杯子來喝，紛紛情不自禁地讚美：「這壺茶真的特別好喝！」

就在那一刻，她自己也呆住了。從此以後，她不但對水溫、茶葉、茶量都悉心琢磨，就連同事的喜好、心情也細心地體會。甚至，對自己泡茶時的心情、狀態會帶來的結果，也瞭如指掌。

很快，她成為公司的靈魂人物。不久她被升為經理，原因很簡單，因為老闆認為一個大學畢業生肯屈身來為大家泡茶，而且每一位員工都喜歡她泡的茶，她還有什麼事情辦不好呢？她對每一位員工的情況都瞭如指掌，完全具備了一個管理者的素養。

感悟：

作為一個管理者，如果對員工的基本情況一無所知，就無法很好地安排員工工作，也無法有效與員工溝通，將成為一個不受歡迎的上司。如果對員工的興趣、愛好、能力等情況瞭如指掌，那麼工作起來將會駕輕就熟，得心應手。

格言：

管理功能的精髓則在於知人善任，激勵優秀人才。

—— 山姆‧托伊（Sam Toy）

善於抓住突如其來的靈感，開發大眾需求的業務

　　荷蘭一位名叫卡洛的商人有一次到劇院欣賞演出，當他看到一個笑話節目時，被演員所講的笑話逗得哈哈大笑。多數觀眾笑完就忘了，但卡洛卻與眾不同，他反覆思考，認為「笑話」可以作為一種「商品」。

　　經過周密的研究分析，卡洛決定創辦一家獨特的電話服務公司，叫做「開心公司」。

　　他千方百計彙集了世界各國出版的 1,000 多冊笑話選集，從中挑選了成千上萬則精彩的笑話，請翻譯譯成英語，並使其富有英語的幽默感。然後再聘請喜劇演員把這些笑話一則則錄下來，在電話機上增設一個特製的系統，備有專用電話號碼。使用者只要一撥這個專用號碼，就能聽到令人哈哈大笑的笑話。當然，使用者每聽一次，要支付一定的費用。

　　這一別開生面的業務一開張，就受到了聽眾歡迎，卡洛也從中獲得了源源不斷的收入。

　　為了保護自己的專利，卡洛先在荷蘭全國工業產權局進行了註冊登記。不久，隨著生意的興旺，卡洛在英國等 24 個國家也進行了該專利註冊。

　　卡洛在荷蘭先後與 180 個城市的電信局簽訂合約，都裝上了特殊裝置，利用它們開展自己的笑話業務。在國內業務的基

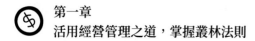
礎上，他又開始向美、日、德、俄等國出口，年營業額達 2,000
多萬美元。卡洛很快就變富有起來了。

感悟：

　　在市場競爭中，許多公司慘澹經營，卻沒有想到運用靈
感去改變現狀。抓住突然冒出的靈感，並對之進行研究、開
發，結合人們的需求，找到賣點，有可能使經營者迅速走向
成功。

格言：

　　「靈感」當然不是憑空而來，往往是經過一番苦思冥想後
而出現的「頓悟」現象。

　　　　　　　　　　　　　　　　　　　　　　—— 楊振寧

積少成多巧理財，把錢花到關鍵處

　　有一個棉布印染工人，在結婚那天，妻子瑪莉要求他婚後
每天給她一瓶啤酒的錢，作為她的私房錢。他答應了，雖然他
本人是個酒鬼，但他希望有個頭腦清醒的好妻子。他們都努力
工作，但是他這個可憐鬼在下班後卻幾乎每天都邁不出酒館的
門檻。

　　妻子每天得到丈夫的一瓶啤酒錢，而他卻要獨自喝兩三瓶。在他們結婚週年紀念日的那天早晨，丈夫有點內疚地看著他賢淑可人的妻子說：「瑪莉，自從我們結婚以來，還沒有休過假；要不是我現在手頭沒有半毛錢，我們就會出趟遠門，去看妳鄉下的媽媽。」

　　「你真的想去嗎，比爾？」妻子因為丈夫說出這麼關愛的話 —— 像很早以前一樣 —— 而高興得流下了眼淚。「如果你想去，比爾，我來負擔費用。」

　　「妳來負擔費用？」比爾半帶著嘲諷說：「親愛的，難道妳有一大筆財產？」

　　「不，」她說：「但我有那一瓶啤酒。」

　　「妳有什麼？」他問。

　　「一瓶啤酒！」

　　比爾還不明白怎麼回事，直到妻子到儲藏室拿出每天積存的一瓶啤酒錢，那一共是 730 塊。

　　比爾既羞愧又驚訝，良心受到譴責，像被施了魔法一樣呆住了。

　　之後，他們和媽媽一起度過了結婚週年紀念日。

　　妻子的這一小筆錢是一個觸發點。隨後，他們進行了一系列精打細算的投資，最後開了一家商店、一間工廠和一個倉庫，買了鄉間別墅和汽車，生活過得美滿幸福起來。

感悟：

　　生活中是這樣，生意中同樣也如此。一個人、一個企業都需要節省，需要懂得資源的合理分配、利用，這樣才能把錢花到關鍵之處，提高個人理財效益或企業運轉效率。

格言：

　　天下之事，常成於勤儉而敗於奢靡。

—— 陸游

先學好做人，才能做好生意

　　日本大企業家小池出身貧寒，很早就在一家機器公司當業務員。

　　有一個時期，小池推銷機器非常順利，不到半個月就跟33位顧客做成了生意。

　　可是正當心下竊喜的時候，小池卻發現自己公司賣的機器比別的公司要貴。小池心想，向他訂貨的客戶如果知道了，一定會對他的信用產生懷疑。

　　於是，深感不安的小池立即帶上訂貨單和定金，整整花了三天時間逐一地去找客戶，然後老老實實向客戶說明他所賣的機器比別家的昂貴，請他們解除契約。

小池這種誠實的做法，使每個客戶都深受感動，結果 33 位顧客沒有一個解約，反而加深了對他的信賴和敬佩。

此後，許多人都被小池的誠實所感動、吸引，前來訂貨的客戶絡繹不絕。沒過多久，小池就成了腰纏萬貫的大亨了。

成功後的小池在總結經驗時說：「做生意就像做人一樣，第一要先學會做人，其次才能做好生意。」

感悟：

　　無論做什麼事情，都需要先做好人。講究信譽，誠實經營，對使用者和顧客負責，這樣才能創造出吸引人的強「磁場」，才能贏得消費者的信賴，從而獲得豐厚的回報。

格言：

　　企業靠信譽，它是無可替代的財富。

　　　　　　　　　　　　　　　　　　　—— 濱田益嗣

競爭中需要新理念，出奇才能勝人一籌

島村芳雄是日本東京島村產業公司的董事長。他原先在一家包裝材料廠當店員，後來改行做麻繩生意。就在他做麻繩生意時，創出了商界著名的「原價銷售術」。

島村的原價銷售術其實很簡單，首先他以 5 角錢的價格到麻繩廠大量購進 45 公分的麻繩，然後按原價賣給東京一帶的工廠。完全無利的生意做了一年後，「島村的繩索確實便宜」的名聲遠播，訂貨單從各地雪片般飛來。

此時，島村開始各個擊破地採取行動。他拿購貨收據前去拜訪訂貨客戶，「到現在為止，我是一毛錢也沒有賺你們的。但是，這樣讓我繼續為你們服務的話，我便只有破產一條路可走了。」

這樣與客戶交涉的結果，是客戶為他的誠實所感動，甘願把交貨價格提高為 5 角 5 分。

同時，島村又跟麻繩廠商洽談：「你們賣給我一條 5 角錢，我一直是原價賣給別人，因此才得到現在這麼多的訂貨。如果這賠本生意讓我繼續做下去，我只有關門倒閉了，你們也會失去我這個老客戶。」

廠方一看他開給客戶的收據存根，大吃一驚。這樣甘願不賺錢的生意人，麻繩廠還是第一次遇到，於是毫不猶豫地一口答應他一條算 4 角 5 分。

如此一來，以當時他一天 1,000 萬條的交貨量計算，他一天的利潤就是 100 萬日圓。創業兩年後，島村就成為響滿日本的成功生意人。

就這樣，島村以這種先賠錢獲得客源和廠商，後創造利潤的經營理念來與別人競爭，生意越做越大，投資領域越來越廣，直至當上產業公司的董事長。

感悟：

　　善於從長遠利益考慮問題，不計較短時間的得失，這種先賠後賺的銷售方式值得人們借鑑。做人、做事也不妨放低姿態，著眼長遠，以小失而博大得。

格言：

　　只顧眼前的利益是經營不好企業的，要有遠見，踏踏實實地做。

—— 樫尾忠雄

故步自封等於自尋死路，目光向外才能立於不敗

　　17 世紀的英國有一個名叫理查·弗利（Richard Foley）的鐵匠，在斯陶爾布里奇（Stourbridge）附近從事鐵器製造。憑藉著傳統的工藝，弗利和其他英國鐵器商一直在鐵器製造業中處於霸主地位。

　　但是，後來瑞典的鐵器創造者發明了一種叫做「分裂法」的新工藝，製造出的鐵器又快又好，而且成本相對較低，對弗利及其同行的霸主地位構成了嚴重威脅。

　　弗利不甘心把鐵器業的經營地盤拱手讓給瑞典人，他決心

學習和掌握這種新的製鐵工藝，運用瑞典人的發明成果，與瑞典人相抗衡。

弗利在開設鐵工坊以前是個鄉村提琴手，曾經四處賣過藝。於是，他便利用自己先前的這個條件，假扮成一個街頭藝人，到歐洲大陸上遊歷。他走遍了比利時、德國、義大利和西班牙等各大城市，祕密蒐集鐵器行家們的工藝技術。

最後，弗利終於來到了瑞典。他在那裡扮成一名鐵器工人，在多家工廠做工，從而發現了「分裂法」工藝的祕密。

弗利立即回到英國，說服了一些朋友與他一起採用新工藝製造機器。經過多次艱苦的試驗，弗利成功了，新研製的「分裂」機終於在斯陶爾布里奇問世。

這項成功使弗利充滿信心地與瑞典人競爭，再次確立了他在鐵器製造業中的權威地位，從而為弗利家族的財富奠定了基礎。

感悟：

一個真正的經營者，不能故步自封，自我封鎖，而應目光向外，密切注意採用新技術、新發明、新理念。隨時取其長處而用之，建立自己的經營王國。經營企業如此，經營個人事業也如此。

此路不通走別路，該放手時就放手

20 多年前，日本國內有個陷在困境裡掙扎的公司，它就是製造工廠火爐、熔解爐用耐火磚的「國代耐火工業公司」。

國代公司抱持觀望的態度，不願增加裝置，致使生產出的耐火磚沒人要，陷入了走投無路的困境。但加藤國雄董事長並沒有被時代的浪潮吞噬。

這時加藤看到一本書裡面寫到：

「馬匹在現代雖然喪失了運輸機能，但又以高度娛樂價值起死回生。」

這些並不引人注目的寥寥幾字，卻使加藤看到了希望，他高興得跳了起來。從這幾個字裡靈光一閃，他不再愁眉不展了。

他想：「製造鑄爐用磚虧本，資金已所剩無幾。但我還有一家燒磚工廠，將來隨著時代的進步，美術磚一定會逐漸取代現在的粗磚。在美術磚的色彩、光澤、觸感等各方面力求改進，繼續不斷改良，一定可以開創一項新事業。是啦，此路不通，該走別條路了。我該為美術磚開路做示範工作，帶動日本的美術磚起飛。」

加藤信心百倍地投入到新產品的製造中。經過嘗試、摸索之後，他所做的產品越來越淡雅、優美、悅目，給人生動、舒服的感覺，可使建築物光輝生輝。

在逐漸由實用變為重視外觀美的時代裡，加藤此舉果然一

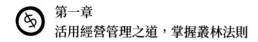

帆風順，無往而不利。在各式各樣的東西皆在爭妍競美、角逐
市場的今天，美術磚行銷無阻，一個月可售 20 億日圓。

感悟：

　　如果一條路走不通了，還要苦苦掙扎，不肯放棄，那只
能是一條道走到黑，沒有希望轉機。當此路不通時，應考慮
改走別的路，也許能轉危為安。

格言：

　　生意的興亡，要看主事者能否因時應變，日新月異。

　　　　　　　　　　　　　　　　　　　—— 查爾斯·威勒

經營自己的特色，就會立於不敗之地

　　美國德州的「東方咖啡」飯店是由多爾茜·馬格和伊蓮娜·
馬丁兩位女士聯合創辦的。開業之後，由於沒有什麼特色，顧
客不多，飯店面臨倒閉。

　　後來，她們覺得店後那個大花園閒置著倒不如開發成菜
園，以自產的新鮮蔬菜來吸引顧客，也許生意會有所改觀。

　　於是，她們聘請貝蒂·佩雷茲女士來改造花園。有 13 年菜
園工作經驗的貝蒂做得很出色，沒多久，飯店花園就變成了一

座菜、果、花三合一的綜合園。各種蔬菜、果樹、花草相互間隔，布置得很美觀，既可食用，又可觀賞。花園的四角種了果樹，園中有馬鈴薯、南瓜、菠菜、萵苣、洋蔥、韭菜，還有薄荷、茴香、百里香、萬壽菊等花朵和草藥。

《德州月刊》（*Texas Monthly*）很快介紹了這家頗具特色的飯店：「夏夜，遠處螢火蟲在跳舞，人們在花園裡邊乘涼，邊品嘗著佳餚，每一口都有不同的植物味道，每一盤都是園中作物……」

顧客到了這裡，不僅可以吃到剛從飯店花園裡採摘來的新鮮蔬菜、水果，而且也可以到花園裡去散步、聊天，觀賞餐盤中食物是怎樣生長的，採摘園中的果蔬來品嘗。

「在別的飯店吃南瓜，卻不知南瓜是什麼樣子；吃茄子，不知道茄子有多大。到我們飯店可以邊吃邊看，十分有趣。」

由於主要靠自己花園中的蔬菜供應顧客，「東方咖啡」飯店可以不受市場上菜價猛漲的影響，蔬菜價廉物美，而且新鮮、好吃。因而顧客越來越多，生意越做越好，店裡的利潤也越來越可觀。

感悟：

　　這個社會崇尚個性，注重特色。如果多數公司經營產品雷同，便不會吸引太多顧客，因為顧客會分流。努力創新，經營自己的特色，不僅能讓自己立於不敗之地，而且多了一個戰勝對手的武器。

格言：

　　只有努力創新的商店，才會有前途。墨守成規或一味模仿他人，到最後一定會失敗。

—— 松下幸之助

第二章

激揚頭腦風暴，讓智慧駕馭財富

一個善於思考的人，才是真正有力量的人

1978 年，在日本北海道有一位名叫龍太郎的窮詩人。他的詩總是沒有多少人欣賞，即使賣了出去也得不到幾日圓。因此，他一日三餐都難以維持，寫詩的工具僅有幾頁稿紙及一枝削得短短的鉛筆。

有一天，龍太郎正專心致志地寫詩，要修改時卻找不到橡皮擦。好不容易找到一塊，擦去了需要修改的詩後，卻又不知道把鉛筆放到何處了。他找得滿頭大汗還找不到，很是惱火。冷靜下來之後，他從中吸取教訓，把橡皮擦與鉛筆用絲線縛在一起，這樣可以避免兩者分離難找。但這種方法並不理想，使用一會橡皮擦就掉了下來，很不方便。

龍太郎決心弄好這塊橡皮擦，試了多次，幾天後終於想出一種妥善辦法。他剪下一塊薄鐵片，把橡皮擦和鉛筆末端包繞起來，再壓兩道淺溝，兩者嵌合得很緊，使用時再也不會掉下來，給寫作帶來了很大方便。

這一件看來微不足道的事情，卻給龍太郎帶來了一個發大財的機會。他想：今後的鉛筆都能包含橡皮擦，定會受詩人、作家、畫家和學生等人的歡迎。他越想越覺得此事很有前途，應該把這項「創造」申請專利。

龍太郎向親戚借來一點錢到專利局辦理申請手續，結果很快得到確認。不久，這項專利被一家鉛筆生產廠買下，龍太郎

一下子就獲得 500 萬日圓專利費。在 1978 年的日本，這筆收入很是可觀。如今龍太郎的小發明使數十億人受惠，他也成為世界上真正最有力量的人之一。

感悟：

　　許多的發明和發現都是源於日常生活小事。有一些人遇到這些小事，往往不假思索，也不想去改變；有一些人卻經過思索，想到改變，也許就發明了一件新東西。這正是「無心插柳柳成蔭」，意外的收穫源於細緻的思索。

格言：

　　一個能思考的人，才是一個真正有力量的人。

—— 佚名

讓大腦動起來，腦袋就是錢袋

　　以前美國是沒有脆皮冰淇淋的。要吃冰的話，賣冰的人就用一支挖勺把冰淇淋挖起，盛在一個紙杯內，然後顧客就用小木棒挖來吃。

　　本來像這種小事，根本不需要動腦筋的。可是，偏偏就有這樣的「傻瓜」，要在盛裝冰淇淋的方法上動腦筋。

有一天，這傻小子買了幾杯冰淇淋給孩子吃，總覺得這種冰淇淋吃起來不方便，尤其是小孩子，常常弄得滿臉冰淇淋，甜膩膩的，怪不舒服。他一邊替孩子們擦拭，一邊想：如果把這方式改變了，對顧客，尤其是孩子們，是否會更便利一些呢？

於是，他的腦筋開始一心一意想這個問題。

他想了很久，也沒有想出什麼好方法來。他把這個念頭寫下來，並且抄了很多份，送給他的朋友看，請他們提供點意見，希望能幫助他早一天替冰淇淋穿上外衣。

但是，他只得到一些揶揄、嘲笑。當然，其中還夾雜著一些誠懇的勸告，勸他放棄這個傻念頭，不要想這個無聊的問題了。

他並不因此而放棄這個目標，他執著地思考這個替冰淇淋穿衣服的念頭。

花了三、四個月的時間，他終於替冰淇淋設計了一件很美觀的外衣，就跟我們現在吃的脆皮冰淇淋很相像，吃起來方便得很。

本來，他決定自己開設一家冰淇淋廠來製作脆皮冰淇淋，但因資金不足，只好把這個小小的新發明賣給一家大冰淇淋廠，換取一筆相當可觀的財富，成了個小富翁。

「傻子」的「傻」勁，卻成就了一項發明，使冰淇淋也從此穿上了外衣，銷往世界各地了！

感悟：

　　對於毫不起眼的小事，大多數人都視若無睹、司空見慣。只有善於動腦的人，才能積極思考，想要改進它。讓大腦動起來，也許在不經意間，腦袋便成了錢袋。

格言：

　　發明是由見到了人人都見到過的東西，加上人人都沒想到過的東西構成的。

—— 阿爾伯特·聖捷爾吉（Albert Szent-Gyorgyi）

對頭腦靈活的人來說，致富其實很簡單

　　美國史密森尼天文物理研究所出版的星象目錄中，有25萬顆星星還沒有正式命名。得到這一消息後，加州出現了一個「星象命名公司」，並在全國大登廣告：

　　星星出售 —— 你現在可以你自己的名字或你愛人的名字命名一顆星星！最先登記的25萬名幸運者將名垂青史……你的星星和它的新名字，將永遠註冊於國會圖書館。每顆星星的命名費25美元。

　　很多人看到了這則廣告，但不想花25美元，就直接打電話給史密森尼天文物理研究所，詢問是否可免費以自己的名字命名。

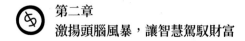

研究所和哈佛天文觀測所是美國權威的天文研究機構，他們除了把測得的星象編號整理並出版目錄外，並不為星象命名。他們對這商業的噱頭當然啼笑皆非，不以為然。

其實肉眼看得見的星星很早已有了傳統名字，星象命名公司專門出售肉眼看不見、只有編號還沒命名的星星命名權。25美元可以買一張星座圖，指出你買的那顆星位置，並且還有一份正式登記證。

這個星象命名公司怎麼扯上國會圖書館的呢？原來他們把史密森尼研究所目錄上的星星編號印在空頁上，每填滿一頁名字（大約 100 個），就把它送到國會圖書館去登記版權。顯然這是發財的好主意，沒過多久，他們就賺得一大筆錢。

加拿大多倫多市出現了一家相同性質的公司，要價也是每顆星星 25 加幣。他們還把新命的名字製成顯微膠片，「永遠」存在瑞士和多倫多的保險庫裡。這家公司的老闆請約克大學一個教授寫了一本書，把新命的名字附在其中，那本書將會登記版權，於是他們也可以宣稱「在國會圖書館永遠註冊」了。自然，這個星象公司也找到了一條發財的好方法。

感悟：

25 美元就能使自己的名字不朽於宇宙間，我們從來還沒聽過更廉價的買賣，難怪人們要趨之若鶩。對於頭腦靈活的人來說，發財致富其實就這麼簡單。

格言：

最主要的是教會人們思考。

—— 貝托爾特·布萊希特（Bertolt Brecht）

換個角度，小東西派上大用途

春秋時期，宋國有戶人家，祖傳以漂洗絲棉為業。因為冬季作業時常常凍手，後來他們發明了一種「不皸手藥」。此後，冬天工作時把藥塗在手上，就再也沒有什麼問題了。

一天，有位吳國的商人來到他家，說要用重金購買不皸手藥的藥方。

這家主人召集家人商量，商議的結果是：「我們家世世代代以漂洗絲棉為業，一年到頭，收入也不過僅夠吃飯而已。現在我們僅僅賣一個藥方，便可以得到許多錢，這又何樂而不為呢？」

這家人覺得這是個發財的好機會，就把藥方賣了。

吳國商人買下不皸手的藥方後，到王宮裡去見吳王，說：「越國和吳國關係不好，我聽說越國今年秋季遭了水災，收成不好，人心惶惶，不如趁這個機會去攻打他們。我有妙計可以打敗他們。」吳王同意了他的請求，派兵去攻打越國。

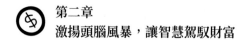
當時正值大雪隆冬，吳國有不皸手藥，不怕手凍，所以將士們個個奮勇爭先，以一當十。越國的將士個個凍得手拿不穩武器，大大影響了戰鬥力。這一仗越軍大敗，損失慘重。

吳軍打了勝仗，吳王很高興，把打勝仗的將領晉升高官，同時也重賞了商人。而這位商人此時得到的賞金，不知比當初花錢買藥方時高出多少倍。

感悟：

　　小東西一經變換角度，立刻派上了大用場，創造了原本可能想都不敢想的奇蹟。這一切，都是因為有一個善於思考的頭腦。生活、工作中，也許就有許多這樣的小東西放錯了位置，不妨經過思考給它一個更合適的位置，發揮更大的效用。

格言：

　　把思考權交給別人，自己就不會走路了。

　　　　　　　　　　　── 法蘭西斯‧培根（Francis Bacon）

將平凡事物用於特定地方，就會成為財富泉源

日本水泥大王、淺野水泥公司的創辦人淺野總一郎，年輕時從故鄉富士山來到東京謀生，因為身無分文，又找不到工作，有一段時間每天處於半飢餓狀態之中。

有一天，淺野發現有個水泉。已挨餓整整兩天的他只好喝水來充飢。誰知這水泉的水非常清涼可口，淺野一個念頭冒了出來：「乾脆賣水算了。」

就這樣，淺野在路邊開始了擺攤賣水的生意。

「來，來請喝涼泉水。」淺野使盡渾身的力氣大聲叫賣。

起初，根本沒人理睬：「泉水有的是，誰用來你這裡買？」

淺野轉變思路，把泉水拉到城裡去賣。城裡人每天喝散發著漂白水味道的自來水，對純淨的山野泉水自然很是青睞，有的人家不僅飲用，燒飯做菜也用它。這最簡單的賣水生意使這位吃盡千辛萬苦的青年，不必再挨餓了。

兩年後，淺野賣水已經賺了不少錢，於是他開始有機會經營煤炭零售店。當時的橫濱市長聽到淺野很會讓無價值的東西產生價值，就召見他說：「你是以很會利用廢物聞名的。我有一個想法，人的排泄物，看有沒有辦法利用。」

「只收集一兩家的糞便是不會賺錢的，但是收集數千人的大小便就會賺錢。」於是，淺野就在橫濱市設置了 63 處日本最初的公共廁所，因而成為日本公共廁所的始祖。

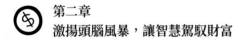
廁所完成之後，淺野把汲取糞便的權利以一年 4,000 日圓賣給了別人。兩年後，他設立了一家日本最初的人造肥料公司。

感悟：

所謂沒有價值的東西，是因為你缺乏一個善於思考的大腦，沒有發現它的價值。積極思考，將能廢物變黃金。將平凡的事物用於特定的地方，它就會成為財富的泉源。

格言：

比別人先一步思考、創新和構想，才能享受最後勝利的快樂。

—— 松下幸之助

想別人所未想，就會走上超越他人之路

松下幸之助創業之初是由生產插頭起家的，由於插頭的效能不好，產品的銷路大受影響，沒多久，他就陷入了困境。

一次一對姊弟的談話，引起了他的注意。

姊姊正在熨衣服，弟弟想讀書，無法開燈（那時候的插頭只有一個，用它熨衣服就不能開燈，兩者不能同時使用）。

弟弟吵著說：「姊姊，妳能不能快點開燈？我想看書。」

姊姊哄著弟弟說：「好了、好了，我就快熨好了。」

「老是說快熨好了，已經過了 30 分鐘了。」

姊姊和弟弟為了用電，一直爭吵不休。

松下幸之助邊走邊想：只有一根電線，有人熨衣服，就無法開燈看書；反過來說，有人看書，就無法熨衣服，這不是太不方便了嗎？何不想出同時可以兩用的插頭呢？

松下回去後認真研究了這個問題，不久，他就想出了兩用插頭的構造。

試用品問世之後，很快就賣光了，訂貨的人越來越多，簡直是供不應求。松下只好增加工人，也擴建了工廠。松下幸之助的事業，就此走上穩步發展的軌道，逐年發展，利潤大增。

感悟：

　　想別人沒有想的，做別人沒有做的，這正是成功人士的精明獨到之處。凡事多想一想，也許就會有所發現、發明，就會走上一條超越他人之路，最終也就會成功。

格言：

　　要有獨到之見，必須多思。

—— 拜倫（George Byron）

世界對於思考的人是喜劇，因為他運用了智慧

科比 13 歲那年的寒假，他對爸爸說：「爸，我不要整個寒假都向你伸手要錢，我要找個工作。」

父親從驚訝中恢復過來之後說：「好啊，科比，我會想辦法幫你找個工作，但是恐怕不容易。如今很多成年人都沒有工作。」

「你沒有明白我的意思。我並不是要您給我找個工作，我要自己來找。還有，請不要那麼負面思考。雖然現在人多工作少，但我認為自己還是可以找個工作。有些人總是可以找到工作的。」

「哪些人？」父親帶著懷疑問道。

「會運用智慧的人。」科比回答說。

科比買了一份報紙，在「徵人」版內仔細尋找，終於找到了一個很適合他專長的工作，報紙上說找工作的人要在第二天早上 9 點鐘到達 B 區一個地方。科比 8 點半就到了那裡。可他看到已有 35 個人排在那裡，他只是隊伍中的第 36 名。

怎樣才能引起特別注意而競爭成功呢？這是他的問題，他應該怎樣處理這個問題？科比認為，現在他只有一件事可做——動腦筋思考。因此他進入了那最令人痛苦也是令人快樂的程序——思考。在真正思考的時候，總是會想出辦法的。科比終於想出了一個辦法：他拿出一張紙，在上面寫了一些東

西，然後折得整整齊齊，走向櫃檯的小姐，恭敬地對她說：「小姐，請妳馬上把這張紙條轉交給妳的老闆，這非常重要。」

那位小姐是一名有經驗的員工，如果他是個普通的男孩，她就可能會說：「耐心點，年輕人。回到你的位置上慢慢等一會吧。」但直覺告訴她：這不是一個普通的孩子，他身上有一股強烈的自信。「好啊！」她說：「讓我來看看這張紙條。」

看了紙條，櫃檯小姐微微一笑。隨後，她立刻站起來，走進老闆的辦公室，把紙條放在老闆的桌上。

老闆看了也大聲笑了起來，因為紙條上寫著：

「您好！我排在隊伍中第 36 位，在您沒有看到我之前，請不要做決定。」

他是不是得到了工作？他當然得到了工作，因為他很早就學會了動腦筋。

感悟：

　　一個會動腦筋思考的人總能找到問題，掌握問題的關鍵，也能夠解決它。每個人都有智慧，但並非所有人都肯善用自己的智慧，而那些肯善用智慧的，就是傑出的人。

格言：

　　這個世界對思考的人而言是喜劇，對感覺的人而言是悲劇。

—— 霍瑞斯·沃波爾（Horace Walpole）

超出常人的想像力，正是許多傑出成就的源頭所在

麥可·戴爾（Michael Dell）在少年時期就想像力豐富，奇思妙想迭出。

讀高三時，戴爾經常聽到同學們談論想買電腦，但由於售價太高，許多人買不起。戴爾心想：「經銷商的經營成本並不高，為什麼要讓他們賺那麼豐厚的利潤？」一般人想到這裡，大都會停留在詛咒經銷商上，而不再深入下去了，但戴爾繼續想到：「為什麼不由製造商把電腦直接賣給使用者呢？我如果把製造商的電腦以比商場上便宜的價格直接賣給使用者，肯定會受歡迎。」

戴爾知道 IBM 公司規定，經銷商每月必須進貨一定數量的個人電腦，而多數經銷商都無法把這些貨全部賣掉；而如果庫存太多，經銷商會損失很大。於是他找到經銷商，他們為了周轉資金，當然是求之不得，於是按成本價把庫存的電腦賣給了戴爾。戴爾把電腦搬回宿舍，加裝配件，改進效能。這些經過改裝的電腦價格便宜、效能先進，很受歡迎。戴爾見到市場需求巨大，於是在當地刊登廣告，以市場零售價的 85 折推出他那些改裝過的電腦。不久，許多商業機構、醫生診所和律師事務所都成了他的顧客。

由於市場需求量大，戴爾每月已能賺 5 萬美元。在學業與

創業之間，戴爾陷入了兩難境地。戴爾不願錯過這千載難逢的機遇，他決定選擇退學。經過和父母協商，父母同意戴爾在暑假試辦一家電腦公司，如果辦得不成功，到 9 月就要回校去讀書。

　　得到父親允許後，戴爾拿出全部積蓄創辦了戴爾電腦公司。戴爾仍然專門直銷經他改裝的 IBM 個人電腦，第一個月營業額便達 18 萬美元。高中畢業的時候，戴爾的公司每年營業額已達 7,000 萬美元。後來，戴爾停止出售改裝電腦，轉為自行設計、生產和銷售自己的電腦。

感悟：

　　想像力絕不是小說家的專利，從事任何領域的工作都需要想像力。超出常人的想像力，正是許多傑出成就的源頭所在。可以毫不誇張地說，想像力造就了歷史上那些成功人士，也造就了人類的輝煌文明。

格言：

　　對於微軟來說，唯一有用的資產就是人類的想像力。如果拿走微軟所有的大樓、房產和辦公硬體等有形資產 —— 也就是拿走所有能摸得到的財產，對於微軟來說和沒有拿走這些東西以前幾乎毫無差別。

—— 比爾蓋茲

堆積經驗作用有限，大膽思辯才是進步之梯

有一次，美國大發明家愛迪生（Thomas Edison）讓他的助手測量一個梨形玻璃器皿的容積。

助手按一般的方法，對器皿的長、寬、高等進行反覆測量，還在紙上畫了許多圖，但由於這個玻璃器皿的形狀很奇特，結果費了好大工夫也無法算出它的容積來。

這位助手一籌莫展，滿臉無奈地來找愛迪生。

見到愛迪生，助手不好意思地說：「我想盡了辦法，可是怎麼也測量不出來。」

「你確信自己想盡了所有辦法？」愛迪生有意「逼」他。

「先生，請您相信我是努力的。」助手有些面紅耳赤。

「當然，這我完全相信。」愛迪生說：「只是我認為你並未用盡所有的辦法。」

接著，愛迪生把器皿裝滿水，再將水倒入量杯，那個形狀奇特的梨形器皿容積很快就算出來了。

感悟：

心理學上有定勢思維和非定勢思維的概念。所謂定勢思維，就是習慣按照過去被證明是成功的邏輯路徑去思考；非定勢思維則與此相對。突破和創新往往來自後者。類似於上述例子還有曹沖秤象、阿基米德辨識金王冠的真偽。

格言：

只有大膽地思辨而不是經驗的堆積，才能使我們進步。

—— 阿爾伯特‧愛因斯坦（Albert Einstein）

打破思維定勢，何妨異想天開

魔術大師胡迪（(Harry Houdini）能在極短的時間內開啟無論多麼複雜的鎖，從未失手。他曾為自己定下一個富有挑戰性的目標：要在 60 分鐘之內，從任何鎖中掙脫出來，條件是讓他穿著特製的衣服進去，並且沒有人在旁邊觀看。

有一個英國小鎮的居民，決定向偉大的胡迪尼挑戰。他們特別打造了一個堅固的鐵牢，配上一把看上去非常複雜的鎖，請胡迪尼來看看能否從這裡出去。

胡迪尼自信地接受了這個挑戰。他穿上特製的衣服，走進鐵牢中，小鎮居民關上了牢門後，就都遠遠走開了。胡迪尼從衣服中取出自己特製的工具，開始工作。

很快，時間過了 30 分鐘，胡迪尼沒有開啟鎖。45 分鐘過去了，一個小時過去了，胡迪尼頭上開始冒汗，他的耳朵緊貼著鎖，緊張地工作著。

兩個小時過去了，胡迪尼始終聽不到期待中的鎖簧彈開的

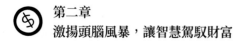
聲音。他筋疲力盡地將身體往門上一靠，沮喪地坐在地上，結果牢門卻順勢而開。原來，牢門根本沒有上鎖，那看似很厲害的鎖只是做個樣子。

就這樣，小鎮居民成功地捉弄了這位逃生專家。

感悟：

在很多時候，人們都會陷入固定思維，不知道腦筋急轉彎。因此，儘管全力以赴去解決問題，還是無法順利地得到答案。此時，不妨來點腦筋急轉彎，事情也許會迎刃而解。

格言：

地球上最美的花朵 —— 思維著的精神。

—— 弗里德里希·恩格斯（Friedrich Engels）

強烈興趣造就慧眼，積極質疑改變現狀

女孩瑪利亞·羅塔斯是薩爾瓦多人，她在貧困的印第安家庭剛剛呱呱墜地，就被父母帶到美國尋找生路。一開始父親打零工、當卡車司機、清洗大樓換取金錢來養家，直到幾年以後才找到一份穩定工作，取得了美國國籍。

這時，瑪利亞·羅塔斯六歲了，她對各種玩具表現出極大

的興趣。由於貧窮，父親無法買玩具給她，她就用父親買來的黏土捏成各式各樣的小動物。她的黏土玩具幾乎每天都有新花樣，只要是她看過的東西，她都可以用自己的方式把它捏成她喜歡的玩具，她對玩具的悟性非同尋常。

那年聖誕節，為了送瑪利亞‧羅塔斯一件禮物，父親帶她來到世界著名的迪士尼公司經營的一家玩具城，讓她自己挑選。左看右看，偌大的玩具城看了個遍，瑪利亞‧羅塔斯竟一件也沒有挑中。

玩具店的老闆唐納德‧斯帕克特恰好在場，他注意到了這個小女孩的舉動。於是，他問瑪利亞‧羅塔斯：「妳不喜歡我們的玩具嗎？」

小女孩點了點頭。

唐納德‧斯帕克特追問：「為什麼呢？」

瑪利亞‧羅塔斯指著一長排動物玩具開始數落：「這種姿勢不好，那種顏色不對，這種看著太笨，那種做得不像……」

唐納德‧斯帕克特聽後，眼睛一亮，便把小女孩領到他的辦公室，把她剛剛批評的玩具一樣一樣擺在桌子上，問她改變成什麼樣子，她才喜歡。

小女孩便叫人找來黏土，按照自己的想像一樣一樣捏起來……結果讓唐納德‧斯帕克特嘆為觀止，他敏銳地感覺到這樣的人才是他的公司所需要的，於是立即聘請她為玩具公司顧問。

後來，瑪利亞‧羅塔斯為這家玩具公司帶來了豐厚的利潤。

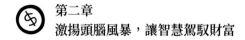
再後來，她年薪升為 20 萬美元，加上她在美國奇異公司、迪士尼等大公司的股息，年收入可達 2,000 萬美元。15 歲時，她作為世界上最年輕的百萬富翁和最年輕的商人而被載入《金氏世界紀錄》（*Guinness World Records*）。

感悟：

悟性是一個人對事物超凡的見解，這種能力不在於年老或年少。只要對某一事物有強烈的興趣，積極動腦，打破僵化的模式，便會擁有一雙慧眼。人們應該積極去開發，讓這種靈感照亮人生。

格言：

陌生阻止你認識陌生的事物；熟悉妨礙你理解熟悉的事物。

—— 胡戈·馮·霍夫曼斯塔爾（Hugo von Hofmannsthal）

誰能活用反向思維，誰就能脫穎而出

井上大雄是位剛剛從一家大保險公司中分割出來獨立運作的一家保險公司老闆。由於競爭太激烈，他的生意並不如想像中那麼好。這幾天，他一直愁眉不展。

　　一個風和日麗的早上，他的妻子實在不願看到他再這樣難受下去，就約他出去散散步。

　　走著走著，大雄覺得不對了，這是什麼地方啊？他以前怎麼從來就沒有來過這裡啊？

　　「這不就在我們家門口嗎？你到底是怎麼啦？天天路過的，你怎麼都忘光啦？」

　　「噢！我以前都是從那邊走，從來就沒有從這邊走過，今天只不過走了一個反方向 —— 走！快回家！」大雄好像想起了什麼，匆匆地向家中走去。

　　一個星期後，大雄的保險公司推出了一個新的險種，他在廣告上是這麼寫的：「敝公司成立保險年金，凡投保者，一次交付 1,000 萬元，三年後，投保者可每月憑保單親自到本公司領取 10 萬元的年金和 2 萬元的利息。本公司以上帝的仁慈之心，祝諸君健康長壽！」

　　就這麼一個小廣告，大雄的保險公司投保額在幾個月裡就翻了幾倍。

　　已經心情開朗的大雄摟住妻子說：

　　「以前，我每天早上在家門口散步，都是從左到右。那天早上，妳領著我從右到左走了一圈，我竟然發現了以前沒有發現的一直就存在的東西。這使我恍然大悟。反其道而行之，便會有一番新天地。這就是那天早上我悟出的道理。我們的人壽保險機制，向來都是投保者活著時每月繳交固定保費，死後由家屬一次性領回。我當時就想，我們為什麼不反過來呢？如果投保者先

繳交一定的保費，過一段時間後，再讓他們按月領取『健康年金』，這樣，投保者的心情不是就大不一樣了嗎？他們肯定會紛紛到我這裡來投保。所以，我就刊登了那個廣告，效果果然不錯。這幾個月，我的營業額竟達到了前幾個月總和的幾倍。」

感悟：

　　人的頭腦一旦圍於固定模式，往往很難有新的突破，這時不妨嘗試一下反向思維。在進行反向思維時，不要太盲目，反向思維只是一種思維方法，行不行，還要靠實踐來檢驗。

格言：

　　在我們的思維和我們的語言表述中所出現的各種概念，從邏輯上來看，都是思維的自由創造，它們不能從感覺經驗中歸納而得到。

—— 阿爾伯特‧愛因斯坦

錯誤的思維一旦貫徹到底，必然南轅北轍

　　在美國的賓州有一個農場主，他原本擁有一座農場，但為了去做更大的事業，他打算將農場賣掉。在賣農場之前，他要先找好工作。他想為他的表哥開採石油。

他的表哥在加拿大做石油生意，他是最早在加拿大發現石油的人之一。於是這位賓州的農場主人給表哥寫了一封信，要找份工作。

表哥回了信，說：「我不能僱用你，因為你對石油生意一無所知。」

然而農場主人又寫信說：「我會學會這門生意的。」

於是，他以極大的熱情開始學習全部課程。他閱讀了大量資料，了解了煤的形成過程。接著學習了從這些豐富的煤礦裡如何流出值得開採的石油，然後他學習了自流井是怎樣形成的，一直學到煤油的形狀、氣味、味道和提煉方法。

這時，他又給表哥寫了一封信，告訴他：「我學會做石油生意了。」表哥回信說：「好，來吧。」

於是他以 833 美元的價格賣了農場。他離開農場後不久，買主就著手安排牛隻飲水的事情。

農場的新主人發現，許多年來，以前的農場主人一直把一塊厚木板插在穀倉後面的小溪裡。木板斜插進水裡僅僅幾英尺，目的是在對岸形成一層看似恐怖的泡沫，使牛不敢在有泡沫的地方喝水，而只能在下游飲水。

有一天，新的農場主人將木板拿開時，卻發現水面上竟浮起一層油漬。

「啊，是石油！」他尖叫起來。

就這樣，那個去加拿大的人 23 年來用木板阻止了大量的石油流出來，卻跑到異國他鄉去找石油。

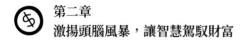
半年後，賓州的地質學家宣布，那裡發現了石油。之後經過開採，那裡當年就為賓州創下 1 億美元的利潤。

現在，在這片土地上坐落著提多城和樂城山谷，曾經擁有它的那個人自學石油課程，從上帝創世的第二天一直研究到當代。他考察這塊土地，直到對它瞭如指掌，然而仍然以 833 美元賣掉了整個地方。

感悟：

　　與其到處去尋找財富，不如多挖掘一下腳下的泥土，有時候財富就在腳下，而有些人卻渾然不知。在我們的生活中，也有許多機會沒有被人發現。只要我們多留心，也許就會找到一條成功之路。

格言：

　　錯誤的思維一旦貫徹到底，就必然要走到和它的出發點恰恰相反的地方去。

—— 弗里德里希·恩格斯

健步如飛的盲人趕不上跛足，思考和研究使人事半功倍

斯圖亞特是紐約的一個窮孩子，最初開始謀生的時候只有
1.5 美元。

斯圖亞特決定用自己的這些「資本」去做生意，然而，做
第一筆生意，他就賠了 87.5 美分。

失敗之後，他說：「我再也不會在生意上冒險了！」

那 87.5 美分是怎樣損失的呢？原來，他買了一些針線和鈕
扣，可是沒有人需要，於是這些東西滯留在他自己手裡，白白
地賠了錢。

斯圖亞特下定決心，他說：「我再也不會像這樣丟掉一分
錢。」

然後他挨家挨戶地詢問人們需要什麼，弄清楚之後，他用
剩餘的 62.5 美分來滿足這些需要。

自然，斯圖亞特的第二筆生意賺了。

後來，斯圖亞特按照這種原則，賺了 4,000 萬美元。再後
來，他在紐約建立了自己的商店。再後來，斯圖亞特成為零售
業大王。

斯圖亞特認為，自己的成功來自第一次做生意的教訓，他
說：「無論你做什麼——生意、職業、照管家務，生活中的
任何事，都應該研究一下人們的需求，這就是成功的奧祕。你

必須首先知道人們的需求，然後才能投資到他們最需要的地方
去。」

感悟：

　　要想生意成功，投入資金之前必須先研究一下市場需求
狀況，然後根據實際情況有目的地經營，這樣才能有比較大
的成功機率。做其他事情也一樣，在邁出第一步之前，先做
一番研究，總是有好處的。

格言：

　　跛足而不迷路的人，能趕過雖健步如飛但誤入歧途的人。
　　　　　　　　　　　　　　　　　　　　　—— 法蘭西斯·培根

思考的能力，是一切智慧的開端

　　第二次世界大戰期間，某個明月高懸的夜晚，一艘美國驅
逐艦停泊在某國的港灣。

　　一名巡邏的士兵看到一個烏黑的大東西在不遠的水上浮動
著，他止步不前。他驚駭地看出那是一枚觸發魚雷，可能是從
一處雷區脫離出來的，正隨著退潮慢慢向著艦身中央漂來。

　　士兵馬上抓起艦內通訊電話機，通知了值星官。值星官馬

上快步跑來，隨後很快通知了艦長，並且發出了全艦戒備的訊號，全艦陡然緊張起來。

官兵們知道魚雷一旦接觸艦身，發生爆炸，後果不堪設想。他們愕然地注視著那枚慢慢漂近的魚雷，每個人都在考慮對策。

官兵們七嘴八舌提出各種辦法。有的說該起錨走，但不行，沒有足夠時間；有的說發動引擎使魚雷漂移開，但不行，因為螺旋轉動只會使魚雷更快地漂向艦身；有的說以槍炮引爆魚雷，但也不行，因為那是一枚觸發魚雷，同時也沒有時間去拆下魚雷的雷管。

怎麼辦？時間一分一秒過去了，空氣緊張到了極點。突然，一名一直沒有說話的水兵大喊起來：「把消防水管拿來！」

官兵們立即醒悟：這個辦法將奏效。他們向艦艇和水雷之間的海上噴水，製造了一條水流，把水雷帶向遠方，然後再用艦炮引爆了魚雷。

一場險情就這樣被一個冷靜的水兵化解了。

感悟：

　　在突發事件面前，毫無準備的人常會驚慌失措，以致使事情更糟糕，最後悲劇便不可避免。只有那些善於冷靜思考的人，才能想出切實可行的辦法。只有冷靜，才能集中注意力，才能正確思考。

第二章
激揚頭腦風暴，讓智慧駕馭財富

> 格言：
>
> 　　冷靜思考的能力，是一切智慧的開端，是一切善良的泉源。
>
> —— 西格蒙德·佛洛伊德（Sigmund Freud）

正確的堅守是忠貞，錯誤的堅持是愚蠢

在某個小村落，下了一場非常大的雨，洪水開始淹沒全村，一位神父在教堂裡祈禱，眼看洪水已經淹到他跪著的膝蓋了。

一個救生員駕著舢舨來到教堂，跟神父說：「神父，趕快上來吧！不然洪水會把你淹死的！」

神父說：「不！我深信上帝會來救我的，你先去救別人好了。」

過了不久，洪水已經淹過神父的胸口了，神父只好勉強站在祭壇上。

這時，又有一個警察開著快艇過來，跟神父說：「神父，快上來，不然你真的會被淹死的！」

神父說：「不，我要守住我的教堂，我相信上帝一定會來救我的。你還是先去救別人好了。」

又過了一會，洪水已經把整個教堂淹沒了，神父只好緊緊抓住教堂頂端的十字架。

一架直升機緩緩地飛過來，飛行員丟下繩梯之後大喊道：「神父，快上來，這是最後的機會了，我們可不願意見到你被洪水淹死！」

神父還是意志堅定地說：「不，我要守住我的教堂！上帝一定會來救我的。你還是先去救別人好了。上帝會與我共在的！」

洪水滾滾而來，固執的神父終於被淹死了⋯⋯

神父上了天堂，見到上帝後很生氣地質問：「主啊，我終身奉獻自己，戰戰兢兢地侍奉您，為什麼您不肯救我？」

上帝說：「我怎麼不肯救你？第一次，我派了舢舨來救你，你不要，我以為你擔心舢舨危險；第二次，我又派一艘快艇去，你還是不要；第三次，我以國賓的禮儀待你，再派一架直升機來救你，結果你還是不願意接受。所以，我以為你急著想要回到我的身邊來，可以好好陪陪我。」

感悟：

堅持真理是人們所稱頌的，但不辨是非、堅持錯誤做法的行為是愚蠢的。即使是上帝，對固執的堅持錯誤的人也無可奈何。思維也是如此，如果鑽進牛角尖，不肯出來，堅持錯誤到底，那就只有失敗，無法解決問題。

> 格言：
>
> 　　當命運注定要毀滅一個人的時候，它首先是去破壞他的悟性。
>
> 　　　　　　　　　　—— 詹姆斯·弗雷澤（James Frazer）

▎獨立思考，不要事事聽從別人的意見

　　伍德養了 100 隻鵝。有一天，死了 20 隻。於是他跑到牧師那裡，請教怎樣牧鵝。那位牧師專注地聽完伍德的敘述，問道：「你是什麼時候放牧的？」「上午。」「哎呀，純粹是個不吉利的時辰！要下午放牧！」

　　伍德感謝牧師的勸告，高興地回了家。三天後，他跑到牧師那裡。「牧師，我又死了 20 隻鵝。」「你是在哪裡放牧的？」「小河的右岸。」「哎呀，錯了！要在左岸放牧。」

　　過了三天，伍德再次來到牧師那裡。「牧師，昨天又死了 20 隻鵝。」「不會吧，我的孩子。你給牠們吃了什麼？」「餵了玉米，玉米粒。」牧師坐著深思良久，開始發表見解：「你做錯了，應該把玉米磨碎餵給鵝吃。」

　　第三天，伍德有點不快，但又充滿希望地敲開了牧師的房門。「唔，又碰到什麼新問題啦，我的孩子？」牧師得意地問

道。「昨晚又死了 20 隻鵝。」「沒關係，只要充滿信心，常到我這裡來。告訴我，你的鵝在哪裡飲水？」「當然是在那條小河裡。」「真是大錯特錯，錯上加錯！不能讓牠們飲河水，要給牠們喝井水，這樣才有效。」

……

伍德再次敲開牧師的門進來時，牧師正埋頭讀著一部厚厚的古書。「向您問好，牧師。」伍德帶著極大的尊敬說道。「上帝把你召到我這裡。看，甚至現在我都替你的鵝操心。」「又死了 20 隻鵝，牧師。現在已經沒有鵝了。」牧師長時間地沉默不語。深思許久後，他嘆息道：「我還有幾個忠告沒對你說呢，多可惜啊！」

感悟：

儘管不肯聽信忠告有時候會被戴上「狂傲」、「自以為是」等等的帽子，但還是不能太過在乎這些。太過願意聽從別人的「忠告」而失去了自己的主意，往往會裹足不前、一無所成。獨立思考，富於主見，而非事事聽從別人的意見，犯了錯誤、付出代價也是值得的。

格言：

我們每個人長腦袋是用來思索的，不是用來戴帽子的。

—— 佚名

凡是可以思考的東西，也是可能的東西

1968 年的春天，羅伯特·舒樂博士（Dr. Robert Schuller）立志在加州用玻璃建造一座水晶大教堂。教堂的預算為 700 萬美元，這對當時的舒樂博士來說是一個天文數字。

當天夜裡，舒樂博士拿出一張白紙，在最上面寫上「700 萬美元」，然後又寫下 10 行字：一、尋找一筆 700 萬美元的捐款；二、尋找 7 筆 100 萬美元的捐款；三、尋找 14 筆 50 萬美元的捐款；四、尋找 28 筆 25 萬美元的捐款；五、尋找 70 筆 10 萬美元的捐款；六、尋找 100 筆 7 萬美元的捐款；七、尋找 140 筆 5 萬美元的捐款；八、尋找 280 筆 25,000 美元的捐款；九、尋找 700 筆 1 萬美元的捐款；十、賣掉 10,000 扇窗，每扇 700 美元。

60 天後，水晶大教堂奇特而美妙的模型打動了富商約翰·可林，他捐出了第一筆 100 萬美元。

第 65 天，一對傾聽舒樂博士演講的農民夫婦，捐出第一筆 1,000 美元。

90 天時，一位被舒樂孜孜以求精神所感動的陌生人，在生日的當天寄給舒樂博士一張 100 萬美元的銀行支票。

第二年，舒樂博士以每扇 500 美元的價格請求美國人認購水晶大教堂的窗戶，付款的辦法為每月 50 美元，10 個月分期付清。6 個月內，一萬多扇窗全部售出。

　　1980 年 9 月，歷時 12 年，可容納 10,000 多人的水晶大教堂竣工，成為世界建築史上的奇蹟與經典，其最終的造價為 2,000 萬美元，全部是舒樂博士一點一滴籌集而來。

感悟：

　　每個人都可以設計自己的夢想，每個人都可以攤開一張白紙，敞開心扉，寫下 10 個甚至 100 個實現夢想的途徑。在實現夢想的過程中，也許會有種種苦難，但只要堅定信心，成功最終會到來。

格言：

　　凡是可以思考的東西，也是可能的東西。

　　　　── 路德維希‧維根斯坦（Ludwig Wittgenstein）

積極思考，成功便會不期而至

　　作家劉燕敏曾經寫過一個故事。

　　在一個山村裡，人們都去開山，但他不像別人那樣把石頭砸成石子運到路邊，賣給建房的人，而是賣給杭州的花鳥商人。因為這裡的石頭總是奇形怪狀，他認為賣重量不如賣造型。五年後，他成為村裡第一個蓋起瓦房的人。

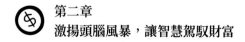

　　後來，不許開山，只許種樹，於是這裡成了果園。每到秋天，漫山遍野的西洋梨招來八方客商，他們把堆積如山的梨子成筐成筐地運往北京和上海，然後再銷往韓國和日本。因為這裡的梨，汁濃肉脆，純正無比。

　　就在村裡的人為西洋梨帶來的小康日子歡呼雀躍時，他賣掉了果樹，開始種柳。因為他發現，來這裡的客商不愁挑不到好梨子，只愁買不到盛梨子的筐。五年後，他成為第一個在城裡買房的人。

　　再後來，一條鐵路從這裡貫穿南北，這裡的人上車後，可以北到北京，南抵九龍。小村對外開放，果農也由單一的賣水果開始談論果品加工及市場開發。

　　就在一些人開始集資辦廠的時候，他在自家院子裡砌了一道三公尺高、百公尺長的牆。這道牆面向鐵路，背依翠柳，兩旁是一望無際的萬畝梨園。坐火車經過這裡的人，在欣賞梨花時，會突然看到四個大字：可口可樂。據說這是 500 里山川中，唯一的一個廣告。他憑這面牆，第一個走出了小村，因為他每年有四萬元的額外收入。

　　1990 年代末，日本豐田公司亞洲區代表山田信一來中國考察。當他坐火車路過這個小山村時，聽到了這個故事，他被主角罕見的商業頭腦所震驚，當即決定下車尋找這個人。

　　當山田信一找到這個人的時候，他正在自己的店門口，與對面的老闆吵架，因為他店裡的一套西裝標價 800 元的時候，

同樣的西裝對面標價 750 元；他標價 750 元的時候，對面就標價 700 元。一個月下來，他僅售出 8 套西裝，而對面卻售出 800 套。

　　山田信一看到這種情形，非常失望，以為被講故事的人欺騙了。然而，當山田信一弄清真相之後，立即決定以百萬年薪聘請他。因為對面的那間店也是他的。

感悟：

　　積極思考，會讓人從平凡中脫穎而出，找到不同尋常的出路。故事中的這個人，靠著善於思考的大腦，總是別出心裁，從脫貧致富，一步步走向成功。他的故事發人深省，隨時隨地都積極思考吧！

格言：

　　悟性是最珍貴的財富。

—— 貝納姆

第三章

練就眼明手快，抓住每一個機遇

對機遇認識不同，命運便隨之而異

兩個鄉下的農民分別要去紐約、華盛頓打工。當他們在候機室等飛機時，聽到了人們的議論。有人說紐約人會精打細算，就連問路都要向人們收費；有人說華盛頓人善良、純樸，碰到缺衣少食的人，能給予無私的接濟。

去紐約的農民心想，看來華盛頓是個保險的地方，賺不到錢也不至於吃不上飯。去華盛頓的農民也改變了自己原來的看法，他現在認為紐約是個遍地是黃金的好地方，就連給人帶路都能賺錢。於是，這兩個農民在退票處不期而遇了，結果他們互換了手中的機票。

去了華盛頓的人初到華盛頓的一個月，什麼工作都沒找，竟然沒有餓著。既可以白喝銀行大廳裡的水，也可以白吃商場裡歡迎品嘗的點心。他覺得華盛頓的確是個好地方。

去了紐約的人發現，紐約果然是一個可以發財的城市。帶路可以賺錢，提供上廁所也可以賺錢，就連弄水讓人洗洗臉也可以賺錢。只要肯動點腦筋，再勤勞、吃點苦，幾乎什麼都可以賺錢。

憑著他細心的觀察，他發現紐約人愛花，於是他打起了泥土的主意。他在建築工地裝了十包含有沙子和樹葉的土，命名為「花盆土」，向看不見泥土而又愛花的紐約人兜售。當天他在城郊間往返六次，就淨賺了 50 美元。就這樣，一年後他竟然在

紐約擁有了一間不小的銷售花盆土的店面。

由於他常常四處奔波，他又有一個新的發現：一些商店外表亮麗而招牌卻很灰暗。一打聽才知道，原來清潔公司只負責洗大樓，不負責洗招牌。他立即抓住這一個機會，買了梯子、水桶和抹布，迅速創辦起一個專門負責擦洗招牌的小型清潔公司。幾年以後，他的公司已有 150 多名員工，業務也發展到多個城市。

有一次，他坐火車去華盛頓考察清潔市場。在火車站，一個撿破爛的人把頭伸進車廂，向他要一支空啤酒瓶，就在遞瓶時，兩人都愣住了，因為五年前，他們曾換過一次票。這個撿破爛的人，就是當年換票去華盛頓的那個人。

感悟：

　　生活中每個人往往會遇到可以改變自己命運的機遇，如果抓住它，就可能改變自己未來的人生。但是能否抓住那難得的機遇，最重要的是對它要有一個清醒而正確的認識，也就是說，對機遇認識不同，命運也便隨之而異。

格言：

　　只有愚者才等待機會，而智者則造就機會。

　　　　　　　　　　　　　　　　　　── 法蘭西斯·培根

做好充分的準備，機遇便不會流失

1975 年，柴契爾夫人（Margaret Thatcher）當選為保守黨領袖，此後，她就把目標鎖定在首相這一職務上。當時執政的是英國工黨，工黨面臨著一系列國內及國際問題，例如經濟衰退、失業人數劇增等。

1979 年，英國的貨車司機、火車司機以及公共服務機構的一些員工，因為工黨的限制增加薪資政策而相繼舉行了全國性的罷工。罷工人數很快就達到了 460 多萬。許多工廠停產、港口癱瘓、學校停課、醫院停診，城市的蔬菜開始奇缺……工黨政府與罷工人士進行的談判毫無進展，民眾對工黨極為不滿，形勢對工黨極其不利。

在這種情況下，柴契爾夫人覺得自己的機會已經到來，她認為機不可失，時不再來，必須抓住這一有利時機，向工黨發起進攻。所以，她毫不遲疑地對工黨提出了不信任案。該項提案很快就獲下議院通過，詹姆斯‧卡拉漢（James Callaghan）的工黨政府不得不宣布提前進行大選。

這一行動給工黨帶來沉重打擊，降低了它在選民中的威信和影響力。而與此相反，柴契爾夫人的保守黨卻聲名鵲起，贏得了越來越多選民的信任。

5 月 3 日全國大選，由於柴契爾夫人的團隊事先做好了充分的準備，宣傳奏效，政見獲得支持。結果，保守黨獲得了下議

院 635 個席位中的 339 席，獲多數席位。隨後，女王任命柴契爾夫人為英國政府首相，負責組織內閣，開始行使權力。

感悟：

　　樹立一個目標，並積極為實現這個目標做準備，尋找機會來實現它。要知道，機遇只青睞有準備的頭腦。當機遇來到時，只有有準備的人才能及時抓住它、利用它，成就一番事業。

格言：

　　機會只垂青於那些有準備的頭腦。

—— 路易‧巴斯德（Louis Pasteur）

有一雙善於發現的眼睛，成功的彼岸便近在咫尺

　　彼得是英國一名普通的清潔工，這是一個很低下的工作。他負責清掃的一條公路，附近有一個占地近三英畝的垃圾掩埋場。隨著城市建設的發展，這個垃圾場漸漸成了一座骯髒不堪的垃圾山。

　　如何改變這座垃圾山呢？他苦思冥想，但總沒有好的辦法。

　　有一天，彼得忽然想到：「人人都希望有個漂亮的地方，而

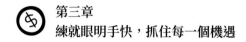
我天生愛美，喜愛創造點美的東西。就讓我在人們棄之不要的垃圾中創造我的美夢吧！」

彼得說做就做，開始在這個垃圾場中建造花園。周圍的人都說他異想天開，但他認為這個垃圾場完全具有建成一個理想的岩石花園的先天條件。

在這座高低不平的垃圾場地下，有一股地下泉水注入附近的泰晤士河。地上的小股水流都朝著一個方向匯成一條小溪。他就用碎玻璃、陶瓷片及五顏六色的鵝卵石和石塊為原料，拼成鑲嵌的圖案把這塊地區裝飾起來。

彼得建造的這座花園包含了許多層次，按照古希臘大廳的樣式建成的拱廊和彎曲的通道縱橫交錯，每轉一個彎就迎面給人一種新奇的感覺。巧妙的構思和完美布局，使這些無生命的石塊彷彿充滿了活力。

凡參觀過這個垃圾場花園的人，無不驚嘆。彼得從此一下子就出了名，從一名最普通的清潔工，搖身一變而成為藝術名人，經常應邀到外國去舉辦廢物品藝術展覽。

感悟：

　　許多人從事著平凡的工作，日復一日重複著單調乏味的生活。在這個過程，我們的年華老去，我們的熱情消退。可是有一些人，卻善於從普通的工作中發現機會、創造機會，並具有為理想而打拚的毅力，他們最終藉助機遇，成就了一番事業。就如古語所言：「有志者，事竟成。」

> 格言：
>
> 弱者坐待時機，強者製造時機。
>
> —— 居禮夫人（Marie Curie）

只要善於發現，你的身邊到處都存在機會

100 多年前，美國費城的一位牧師羅素・康維爾（Russell Conwell）為籌建一所大學募捐。當時建一所大學大概要花 150 萬美元。

康維爾四處奔走，在各地演講了五年，懇求大家為出身貧窮但有志於學的年輕人捐錢。出乎意料的是，五年辛苦籌募到的錢還不足 1,000 美元。

康維爾深感悲傷，情緒低落。當他走向教堂準備下個禮拜的演說詞時，低頭沉思的他發現教室周圍的草枯黃得東倒西歪。他便問園丁：「為什麼這裡的草長得不如別的教堂周圍的草呢？」

園丁抬起頭來，望著牧師回答說：「噢，我猜想你覺得這地方的草長得不好，主要是因為你把這些草和別的草相比較的緣故。看來，我們常常是看到別人美麗的草地，希望別人的草地就是我們自己的，卻很少去整治自家的草地。」

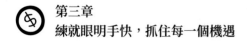
　　園丁的一席話使康維爾恍然大悟。他跑進教堂開始撰寫演講稿。他在演講稿中指出：我們大家往往是讓時間在等待觀望中白白流逝，卻沒有努力工作，使事情朝著我們希望的方向發展。

　　康維爾在演講中講了一個農夫的故事：有個農夫擁有一塊土地，生活過得很不錯。但是，當他聽說要是有塊土地底下埋藏著鑽石的話，只要有一塊鑽石就可以富有的難以想像。於是，農夫把自己的地賣了，離家出走，四處尋找可以發現鑽石的地方。農夫走向遙遠的異國他鄉，然而卻從未能發現鑽石。最後，他囊空如洗。一天晚上，他在一處海灘自殺身亡。

　　真是無巧不成書！那個買下農夫土地的人在散步時，無意中發現了一塊異樣的石頭，他拾起來一看，發現竟是一塊鑽石。就在農夫賣掉的這塊土地上，新主人發現了從未被人發現的最大鑽石寶藏。

　　這個故事是發人深省的，康維爾寫道：財富不是憑奔走四方可以發現的，它只屬於自己去挖掘的人，只屬於依靠自己土地的人，只屬於相信自己能力的人。

　　康維爾發表了七年有關這個「鑽石寶藏」的演講。七年之後，他賺得 800 萬美元，這筆錢大大超出了他想建一所學校的經費。

　　今天，這所學校矗立在賓州的費城，這便是著名學府天普大學（Temple University）—— 它的建成只是因為一個人從簡單的故事裡得到了啟迪。

感悟：

　　生活中，有些人總是哀嘆自己生不逢時，機會只屬於別人，而不屬於自己；有些人甚至於拋棄了自己所從事的事業，而去「另闢蹊徑」，尋找發展的機會。其實，只要你善於發現，我們的周圍到處都存在機會，請記住：機會就在你身邊，不必「捨近求遠」。

格言：

　　機會只垂青那些懂得怎樣追求她的人。

　　　　　　　　　　　　　　—— 查理·尼柯爾（Charlie Nicoll）

▌既要善於發現機遇，又要善於利用機遇

　　凱勒是某大學的法語教師。他從小就沉浸在一種想法中：總有一天他要創辦出版社。

　　懷著這樣一種強烈的願望，他很快就抓住了一個機會。這個機會在我們大家看來似乎微不足道，以致我們大多數人都會不屑一顧。

　　一天，他看到一個外國人拿著地圖不知所措。一問之下，原來他不懂英語，只懂法語，所以根本看不懂英文地圖。

　　凱勒感到這裡有一個機會。他推斷：如果把地圖上相應的

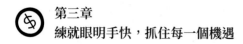
位置加上法語和其他語言的標注，這種地圖的價值就可大大提高。

於是，他就找到印刷這種地圖的出版公司，向這家公司經理說明了他的想法。

這位經理非常讚賞，立即說道：

「如果你能把我這裡的每種地圖都附上相應的法文注解，我會每種付給你 1,000 美元。我這裡可是有幾百種地圖噢！」

這就是凱勒最早的出版工作。他的翻譯需求量與日俱增，以致他得請人幫忙。於是，他聘請了他的同事。

不久，他成立了自己的出版社。

感悟：

　　機遇處處有，最重要的是在抓住機遇的同時，更好地結合自己的個人能力，利用機遇提升自己。

格言：

　　機會不是我們的能力所能左右的，要的就是隨機應變。機會來臨時，我們必須盡全力好好利用它。

—— 傑瑞米・泰勒

善於抓住時機，成功便不再遙遠

約翰‧甘布士（John Gambs）最初是一家紡織廠的小技師。當時，他所在的地區發生了經濟危機，不少工廠和商店紛紛倒閉，被迫賤價拋售自己堆積如山的存貨，價錢低到一美元可以買到 100 雙襪子。

甘布士認為這是一次不可多得的商機，他馬上把自己的積蓄用於收購低價貨物。人們見到他這股傻勁，都嘲笑他是十足的蠢材。

甘布士對別人的嘲笑漠然置之，依舊收購工廠和商店拋售的貨物，並租了很大的貨倉來貯貨。存貨越來越多，妻子也有些沉不住氣了，她勸甘布士不要再冒險，否則將血本無歸。但甘布士依然故我，只是遺憾自己沒有更多的資金進貨。

十多天後，賤價拋售也找不到買主了，貨主便把所有存貨用車運走燒掉了事。事情的發展讓人膽顫心驚，此時甘布士雖然內外交困，卻依然不為所動。

終於，美國政府採取了緊急行動，穩定物價，並且大力支持廠商復興。這時，該地區因焚燒的貨物過多，存貨奇缺，物價一天天飛漲。甘布士馬上決定把自己庫存的大量貨物拋售出去。在決定拋售存貨時，妻子又勸丈夫暫時不忙把貨物出售，因為物價還在一天一天飛漲。甘布士卻平靜地說：「是拋售的時候了，再拖延一段時間，就會後悔莫及。」

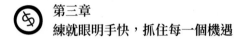
果然，甘布士的存貨剛剛售完，物價便跌了下來。

後來，甘布士用這筆賺來的錢，開設了五家百貨商店，業務從此迅速發展，最終成為了全美舉足輕重的商業鉅子。

感悟：

　　如果總是要等到十拿九穩的時候才去做決定，那麼就可能錯失良機，或者永遠停滯不前。事業上的成功，常常屬於那些勇於抓住時機、適度冒險的人。

格言：

　　機會來的時候像閃電一般短促，全靠你不假思索的利用。
　　　　　　　　　　　　　　　—— 巴爾札克（Honore de Balzac）

萬分之一的可能，有時也會帶來機遇

有一次，甘布士因為急事要去紐約，來不及訂好車票。恰值聖誕前夕，到紐約去度假的人很多，火車票成了搶手貨。

甘布士夫人打電話去火車站詢問：是否還可以買到當天去紐約的車票？車站的答覆是：全部車票都已售光。不過，假如不怕麻煩的話，可以帶著行李到火車站碰碰運氣，可能會有人臨時退票。車站反覆強調了一句：這種機會只有萬分之一。

　　為了萬分之一的機會，甘布士不顧夫人的勸阻，提著行李，趕到了火車站。他說：「如果沒有人退票，我就當作提著行李散了一趟步。」

　　甘布士在火車站退票處等了許久，退票的人仍然沒有出現，乘客們來來往往，絡繹不絕。但甘布士並不灰心，他沒有像別人那樣急於回去。

　　功夫不負有心人，大約距開車時間還有五分鐘的時候，一個女人匆忙地趕來退票，因為她的孩子病得很嚴重，她被迫改搭後續的車次。

　　甘布士買下那張車票，搭上了去紐約的火車。

　　到了紐約，他在飯店裡打了一通長途電話給他的夫人。

　　在電話裡，他輕鬆地說：「親愛的，我抓住那只有萬分之一的機會了，因為我相信一個不怕吃虧的笨蛋才是真正的聰明人。」

　　若干年後，甘布士成為美國的商界鉅子名聞遐邇。

感悟：

　　正如甘布士在給青年人的一封公開信中所說，「親愛的朋友，我認為你們應該重視那萬分之一的機會，因為它將帶給你意想不到的成功。有人說，這種做法是傻子行徑，比買彩券的希望還渺茫。這種觀點是有失偏頗的，因為開獎是由別人主導，你絲毫不能自主；但這種萬分之一的機會，卻完全是靠你自己的主動努力去完成。」讓我們謹記：萬分之一的可能，有時也會帶來機遇。

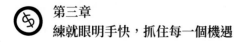

> 格言：
>
> 　機會不會上門來找人，只有人去找機會。
>
> —— 查爾斯・狄更斯（Charles Dickens）

事業的成功，有時需要一點冒險精神

　　日本東京有一家叫「大都」的不動產公司，這家公司是渡邊正雄 45 歲的時候才創立的。

　　創立之初，公司僅有 6 坪的平房，規模小得不能再小了。而渡邊的年齡對於創業者而言又稍嫌大了。但「大」老闆卻信心十足地要把他的小公司也做大了。一天，有人向渡邊推銷土地：「那須（地名）有幾百萬坪的高原地，價錢非常便宜，每坪只售 180 日圓。」

　　那須的這塊山地曾向東京所有的地產商兜售過，但誰也不感興趣，因為那裡人跡罕至，沒有道路，沒有自來水，也沒有電力等公共設施，不動產價值被認為等於零。

　　可是渡邊有興趣，因為他知道，那須與天皇御用地相毗鄰，可能讓人感覺到自己是與天皇在做鄰居，能滿足人的自尊心需要。同時，城裡已是人滿為患，人們渴望回歸大自然將是不可遏止的潮流。

渡邊毫不猶豫拿出全部財產，又傾其全力大量借貸，將這塊土地全部買了下來。簽約之後，同行們中有好心的人都說，他這險冒得太大了，有些人則直接嘲笑他是「一個無可救藥的大傻瓜」。

渡邊把土地細分為道路、公園、農園和建築用地，並準備先建100戶別墅和大型的出租房屋。隨後，渡邊開始大做廣告，出售別墅和農園用地。他的廣告醒目、生動，充分抓住那裡青山綠水、白雲果樹的特色，呼應了都市人們厭惡噪音和汙染、嚮往大自然的心理。

結果，訂購踴躍之極。不到一年，幾百萬坪的房地產就全部賣出，淨賺了20多億日圓，而剩下的十多萬坪土地已增值了數倍。

感悟：

　　人是需要一點冒險精神的，這裡的冒險，不是魯莽，不是衝動，而是理智地去行動。做一件事，沒有冒險精神，躡手躡腳不敢前進，是不會成功的。一個人在自己所從事的產業裡，如果不能有獨立的思想、獨到的見解、果斷的行動，那他就不可能有出頭的時候。

格言：

　　不敢勇於承擔風險的人是不會成功的。

—— 大衛·斯蒂爾

勇於挑戰困難，就有可能抓住機遇

1973 年，高中畢業的 S・甘迺迪開始找工作，他打算從「專業銷售」起步。

一個偶然的機會，甘迺迪發現了一則應徵廣告：一家出版公司的全國銷售經理要來這座城市待兩天，只為應徵一位負責五個州內書店、百貨公司和零售商的業務代表。甘迺迪曾經夢想成為作家或出版家，所以「出版」兩字吸引了他。廣告又說，起薪 1,600 美元到 2,000 美元，外加佣金、獎金、公務費和公司配車。這一切的待遇都是甘迺迪所夢寐以求的。

甘迺迪興致勃勃地去面試時，卻被當面潑了一盆冷水。那位經理很客氣地向他解釋，他不是他們要找的人。第一、甘迺迪太年輕；第二、他沒有工作經驗；第三、他沒念過大學。這份工作是為年齡在 35 到 40 歲之間、大學畢業，並具有相當豐富經驗的人準備的，高中畢業的毛頭小子顯然不適合。況且，這一職位已經有了幾位條件相當的候選人，他打算擇其一而用。甘迺迪不願就此罷手，他竭力毛遂自薦，但經理堅定地認為他沒有資格。

甘迺迪靈機一動，他說：「你瞧，你們這個地區缺商務代表已經六個月了，再缺三個月也不至於要命吧。看看我的主意：讓我做三個月，公司只負擔公務費，我不要薪水，還開我自己的車。如果我向你證明勝任這份工作，你再以半薪僱我三個月，不過我要全額佣金和獎金，還得給我配車。如果這三個月

我能夠勝任這份工作，你就以正常條件錄用我。」

這樣，甘迺迪被錄用了。在很短的時間裡，他重建了銷售流程，創下了三項紀錄：短期內在困難重重的地區扭轉乾坤；三個月內，讓更多新客戶的產品擺滿他們整個攤位；爭取到新的非書店連鎖的大公司等等。

甘迺迪在三個月後，被以正常條件錄用了。

感悟：

　　機遇來臨時，常伴有許多困難。面對困難，只有勇於挑戰的人，才有可能抓住機遇，才有可能成功。不要害怕失敗，要勇於挑戰。

格言：

　　機遇和勇氣是一個不可分割的整體。——維吉爾（Virgil）

抓住千載難逢的機遇，你會成為超越時代的領頭羊

1977 年，比爾蓋茲毅然從哈佛大學法學院退學，他扛下了來自各方面的阻力，抓住了千載難逢的機遇，實現了人生的第一次超越。他把全部精力投入到了自己的公司中，努力地追尋

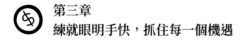

自己的夢想。他說：「19 歲的時候，我窺見了未來的曙光，並把自己的事業建立在我所看到的未來之上。時間在慢慢流逝，我的決定終於被證明是正確的。」

比爾蓋茲的第二次超越是在 1980 年搭上 IBM 飛速前進的快車。當時，IBM 兩位執行長訪問了微軟，委託他們為 IBM 的新型個人電腦開發 BASIC 程式語言。

比爾蓋茲勇敢地參與了 IBM 的專案競標，並一舉中標。隨後他到另一家軟體公司，花五萬美元買下 Q-DOS 作業系統，並對它進行了修改，以符合 IBM 的需求。比爾蓋茲將它改名為 MS-DOS（微軟磁碟作業系統），以相對較低的價位提供給 IBM。蓋茲以購買 Q-DOS 作業系統所花費的五萬美元作為代價，打開了通往億萬富翁道路上的大門。

比爾蓋茲的第三次超越是在 1995 年迎接網際網路的挑戰。不可否認，比爾蓋茲早期對網際網路的認知是膚淺的，他未能敏感地察覺到這一新事物的巨大前景。正如他自己所承認的：「當網際網路向我們走來的時候，我們僅僅把它放在了第五或第六的位置上……過後我們才意識到網際網路的飛速發展，有著比我們所能認知到更為深刻的現象。」然而，比爾蓋茲就是比爾蓋茲，當他清楚地意識到了自己的失誤之後，立即果斷地投入到網際網路的發展中。他對員工說：「要對網際網路相關的新技術給予最高的優先順序。」他迅速投入數十億美元的研發資金，支持新技術的開發。

感悟：

　　在人生旅途上，超越時代的人常會成為時代的領頭羊，他們有著非凡的魄力，目光獨到。他們絕不像尋常人一樣按部就班地學習、工作，他們以敏銳的眼光，隨時去發現機遇。一旦發現，他們便會義無反顧地抓住機遇，成功也往往相伴而來。

格言：

　　才智和勇氣必定滿意地與機遇共享榮譽。

—— 山繆・詹森（Samuel　Johnson）

專注於自己的目標，必能成就一番事業

　　有一位很有智謀的國王，他年老了，常為將王位傳給三位王子中的哪一位而憂心忡忡，苦思之下，終於想出一個好方法。

　　他和三位王子一起去打獵，到了打獵的地點，國王問大王子說：「你看見什麼了呢？」大王子答道：「我看見樹林、父王、兩位王弟及一班隨從。」

　　國王接著問二王子說：「你看見什麼了呢？」二王子答道：「我看見一片草原、父王、王兄及王弟。」

　　國王最後問三王子說：「你看見什麼了呢？」三王子答道：

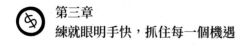

「我看見前面不遠處有一隻野兔。」

　　國王聽罷三位王子的答覆，最後決定將王位傳給三王子，因為他是一個處事專心一意的人。

　　國畫大師齊白石也是因為專注於自己的目標，全心全意地投入，才取得了令人矚目的繪畫成就。

　　在他作畫的 60 多年中，據說只有兩次中斷，10 天沒有動筆。一次是他 63 歲時生了一場大病，幾次不省人事；另一次是 64 歲時母親病故，因過度悲傷，沒有作畫。

　　齊白石 85 歲那年，有一天他連畫四張條幅，已經很累了，可仍要堅持再畫一張。畫畢，他在條幅上題寫了這樣的話：「昨日大風雨，心緒不寧，不曾作畫，今朝製此一張補充之，不教一日空閒過也。」

感悟：

　　確定了人生目標後，更需要我們專注於目標，需要對接近目標的每一項工作專心一意。只有專心一意地工作，才能將自己的潛能發揮出來，才能做出一定的成績，也才能獲取最終的成功。

格言：

　　我只專心一件事，就是忘記背後，全力追求前面的目標。
　　　　—— 《新約全書・腓立比書》（*New Testament: Philippians*）

▌機會來臨時，要善於表現自己

楊瀾在成為中國央視著名主持人之前，是北京外國語大學的一名普通大學生，沒有什麼驚人之舉。但是，她抓住了機遇，讓自己一舉成名。

當時，泰國卜蜂集團（Charoen Pokphand Group Co., Ltd.）結束了與幾個地方電視臺的合作，轉與中央電視臺共同製作《正大綜藝》。雙方決定要挑選一位有大學學歷的女生做主持人，楊瀾成為眾多踴躍報名女孩中的一員。

楊瀾一開始並不被人看好，只是因為她的氣質較佳，所以才能一路過關斬將殺入總決賽。據一位導演後來透露，雖然楊瀾被視為最佳人選，但是有的人認為她還不夠漂亮，所以是否用她還存在爭論。

最後決定人選的時刻到了，電視臺節目部門主管也到場了。楊瀾與一位非常漂亮的女孩子成為最後競爭對手。楊瀾的好勝心一下子被激起，她想：「即使你們今天不選我，我也要證明我的實力。」

考試的題目是：一、妳將如何做這個節目的主持人；二、介紹一下妳自己。

楊瀾稍一思索，就開始說：「我認為主持人的首要標準不是容貌，而是要看她是否有強烈地與觀眾溝通的願望。我希望做

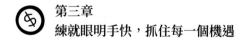
這個節目的主持人，因為我喜歡旅遊，人與大自然相親相近的快感是無與倫比的，我要把自己的這些感受講給觀眾聽……」

在介紹自己時，楊瀾是這樣說的：「父母給我取『瀾』為名，就是希望我有像大海一樣的胸襟，自強、自立，我相信自己能做到這一點……」

楊瀾滔滔不絕地講了半個小時，她說話流暢，思維縝密，富有思想性，很快贏得諸位長官的賞識。人們不再關注她是否長得漂亮，而是被她的表現深深吸引住了。據楊瀾後來回憶說：「說完後，我感到現場非常安靜。今天看來，用氣功的說法，是我的氣場把他們罩住了。」

結果，正如眾所周知的一樣，楊瀾被央視錄用了，成為《正大綜藝》的主持人。

楊瀾在自傳裡曾寫到：「如果沒有一個意外的機會，今天的我恐怕已做了什麼大飯店的什麼經理，帶著職業的微笑，坐在一張辦公桌後面了。」而這個意外機會的把握，正是靠著她的善於表現自己。

感悟：

　　許多人之所以成功，都是因為抓住了偶然的一次機遇。誠然，機遇到來時，只有那些有準備的人才能抓住。但不可否認，在機遇來臨時，善於表現自己也很重要。

格言：

一個人非常重要的才能在於他善於抓住迎面而來的機會。

—— 喬治·龐畢度

機遇，屬於那些相信並執著追求的人

李斯·布朗出生在美國邁阿密附近的一個窮苦之家。他說話口齒不清但又說個不停，因此從小學到高中，布朗就被分到專為有學習障礙學生所設的特教班。高中畢業後，他在邁阿密海灘擔任清潔工，但他的夢想卻是成為主播。

每天晚上，布朗會把收音機抱上床，收聽當地電臺主播主持的節目。他的房間很小，塑膠地板也殘破不堪，但他卻在裡面創造了一個想像的電臺。當他練習咬字發音、把唱片介紹給假想的聽眾時，梳子就被用來當作麥克風。他沉醉在自己的世界裡編織夢想。

有一天，布朗在市區除草，利用午餐休息時間大膽地去了當地的電臺。他走進電臺經理的辦公室，告訴經理他想成為音樂節目的主播，但被拒絕了。

整整一週，布朗每天都去電臺詢問是否有任何工作機會，最後電臺經理投降了，只好僱布朗當助理，但沒有薪水。剛開

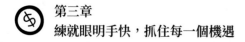
始時，布朗協助那些不能離開錄音室的主播拿咖啡或午餐、晚餐，布朗工作的熱誠贏得了主播的信任。

在電臺裡和主播混在一起時，布朗就學他們在控制板上的手勢，盡可能地吸收他所能吸收的，直到主播要他離開。晚上，他在自己的臥室裡反覆練習，為他深信會出現的機會做全方位的準備。

一個週末下午，布朗待在電臺裡。一個叫洛可的主播一邊喝酒、一邊現場播音，除了布朗和洛可外，大樓裡沒有其他人。不久，洛克就口齒不清，不能再繼續播下去了。電臺經理甚是著急，打電話給布朗：「你可以打電話給其他的主播，讓其中一個過來接手好嗎？」「可以，經理，我一定會的。」

布朗的確打了電話，但他不是打給另一個主播，他先打給媽媽，然後打給女朋友。他說：「你們全部到外面的走廊去，然後打開收音機，因為我就要現場直播節目了！」

布朗等了約 10 分鐘才打電話給經理，說他找不到任何人。經理無可奈何，就問：「小夥子，你知道如何操作錄音室的控制裝置……」沒等經理說完，布朗飛奔進錄音室，坐在控制臺前，開啟了麥克風開關……

這次表現，顯示布朗的主持技能已經到了爐火純青的境界，讓聽眾和他的經理刮目相看。從這次機遇開始，布朗就相繼在廣播、公共演說及電視方面締造了成功的生涯。

感悟：

　　李斯·布朗的成功告訴我們，機會屬於那些相信並執著追求夢想，並勇於抓住機遇的人。機遇稍縱即逝，當機遇來臨時，我們一定要牢牢地抓住。只有能夠在生活中抓住機遇的人，才能鑄就成功的人生。

格言：

　　假如時機來臨，你要好好把握，開創你的前程。

　　　　　　　　　　　　　　　　　　—— 松下幸之助

機會常隱藏在平凡的工作中，它只垂青於辛勤工作的人

　　有一天，國際潛能大師拿破崙·希爾（Napoleon Hill）站在一家商店的櫃檯前，和受僱於這家商店的一名年輕人聊天。

　　年輕人告訴拿破崙·希爾，他在這家商店服務已經四年了，但由於這家商店的「短視」，他的表現並未受到店方的賞識，因此，他目前正在尋找其他工作，準備跳槽。

　　在他們談話中間，有一位顧客走進了這家商店，他告訴這位年輕的店員，自己想看一些帽子。

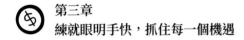
這位年輕店員對這名顧客的請求置之不理，一直繼續和拿破崙·希爾談話，雖然這名顧客已經顯出不耐煩的神情，但他還是不理睬顧客。

最後，店員把話說完了，這才轉身向那名顧客說：「這裡不是帽子專櫃。」

那名顧客又問：「帽子專櫃在什麼地方？」

這位年輕人回答說：「你去問那邊的管理員好了，他會告訴你怎麼找到帽子專櫃。」

拿破崙·希爾說：「你可以立刻去詢問你所遇見的任意十個人，問他們為什麼不能在他們所從事的產業中獲得更大的成就。這十個人當中，至少有九個人將會告訴你，他們並未獲得好機會。你可以對他們的行為做一整天的觀察，以便對這些人做更進一步的正確分析。我敢保證，你將會發現，他們在這一天的每個小時當中，正不知不覺地把自動來到他們面前的良好機會推掉。」

感悟：

　　真正的機會經常隱藏在看上去並不重要的生活瑣事及平凡的工作之中，關鍵看人們是否能及時發現並好好地利用它。因此，盡力做好力所能及的每一件工作，這遠比徒勞地抱怨有意義。

> 格言：
>
> 　機會無所不在。要隨時撒下釣鉤，魚兒常在你最意料不到的地方游動。
>
> —— 奧維德（Ovid）

如果放棄意味著再選擇，何不果斷放棄

朱莉亞是一家國際知名公司的客戶部經理，這本是一份令人十分羨慕的工作，然而她卻想要辭掉這份工作。朱莉亞考慮了整整三個月的時間，終於向公司遞交了辭呈。親朋好友及同事都感到非常詫異，他們有人羨慕，說她勇於放棄；有人惋惜，說她再等等就可以升遷到三級主管，怎麼能放棄？然而朱莉亞卻說：「我相信只有做我真正喜歡的事情才能長久，才能做得最好，請你們支持我！」

朱莉亞辭職並不是一時衝動。儘管在公司她已是高階主管，但終究不是做自己最喜歡的事情。她想創辦自己的公司，她渴望的是為自己做事，這更能展現她的價值！

辭職後的朱莉亞開了一家形象設計公司。公司創立後，她便全心全力投入到公司的運作上，很快累積了大量的客戶。正在公司迅速發展的時候，一個偶然的機會帶給了朱莉亞靈感。

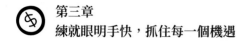
一次，她參加一個朋友的婚禮，認識了一個公司的老闆。那位老闆隨手拿出了公司的員工合照，朱莉亞忽然覺得那是一種整體的美，員工們的表情是那麼的自信和燦爛。

原來，世界 500 強公司裡幾乎都設有一個新的高層職位 —— CDO（Chief Design Officer），即首席設計長，掌管企業的整體形象設計。而一些尚未設立此職位的公司也會把這項業務交給專門的公司來做，這是企業文化不可缺少的部分。

朱莉亞眼睛一亮，立即看到了公司發展的方向：公司可以在原有個人整體形象設計的基礎上，大力強化企業員工整體形象的設計。這可是一個潛在的大市場啊。

想到就做！朱莉亞聘請了很多實力雄厚、經驗豐富的設計師和顧問專家，大力拓展新的業務。最終，她順利地敲開了成功的大門。

感悟：

　　千萬不要把放棄現有的一切看成一件簡單甚至無關緊要的事，有時放棄比選擇更難、更重要。如果放棄意味著再選擇，何不果斷放棄？只有懂得放棄、勇於放棄、果斷放棄，才會把握住機會，獲得更大的成功。

格言：

　　一個人要成大器，有所作為，就得善於放棄許多東西。
　　　　　　　　　　　　—— 赫曼・赫塞（Hermann Hesse）

敢想敢做，就能抓住成功的機會

在芝加哥最好的證券交易所旁邊，有一個天橋，在天橋的一側，有一個看車的老太太。每天有很多穿著體面的人從交易所進進出出，可是誰也不曾注意到這個看車的普通老太太。但是，兩年後，這個老太太卻成了這個交易所的大戶之一。有人問她經驗，老太太說：我的經驗就是數車子的數量，每當車子的數量很少的時候，我就買進；每當車子的數量開始多起來，並且快要達到最高的時候，我就賣出。

雖然成功並不是輕而易舉的事，但成功也不是我們想像中那麼難。成功最主要的一點就是要敢想、敢做、有創新。

佩特·絲特勞的例子就是很好的證明。兩年前，佩特·絲特勞在機場等待轉機時，無論她到酒吧喝一杯威士忌，還是到期刊室看報紙雜誌，都覺得相當不便。因為她必須靠拐杖才能行動，而且當時天氣酷熱，令她感到十分不快。此時她只想好好沖個澡，但這在機場內是辦不到的，除非到飯店或者回家。

好不容易到達目的地之後，她將此事全盤告訴瑪麗安·威廉與蓋兒·蒙艾拉，兩人同情並開玩笑地說：何不為疲倦的旅客提供這類的服務？

數日後，這三人就著手進行使「機場有活力」的計畫，計畫內容是在機場內設置休閒中心，旅客可在候機時寄放行李，並在一小時之內從事運動、按摩、淋浴等休閒活動。

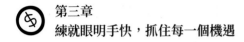
「開始時，我們以為這個構想毫無特別之處。」佩特・絲特勞說。但當她們分別打電話到全國的機場飯店、俱樂部，詢問有無提供此種運動設施、休閒及淋浴的旅客服務時，都得到同樣的答案：「沒有，但這個構想很好。」

為了更加確實地了解這個市場，她們分別到紐約、洛杉磯進行調查。

調查結束後，她們極具自信，於是開始籌集資金，並說服達拉斯國際機場的負責人，開設前所未有的「機場休閒中心」。結果反應良好，這份輕鬆得來的事業，目前已經從美國國內擴展到全世界。

她們三人因為發展這項事業而成為了富翁，並成為人們稱頌的傑出人物。

感悟：

是的，成功並不像想像中的那麼難。正如一位名人所說：「你要信任自己 —— 只要你肯做，你就會做到。每一個人都可以有好的將來 —— 只要他肯敲門、肯嘗試、肯努力！」

格言：

只要我們甘願去做，天下就沒有辦不成的事。

—— 湯瑪斯・傑佛遜（Thomas Jefferson）

一有想法，最好立即付諸行動

塞德是一家公司的部門經理，他準備為公司寫一本企業管理方面的書，想藉此提升整個公司的管理水準。他的想法得到了公司董事長的讚揚和支持，而且他的管理經驗非常豐富，文筆也很生動，熟悉他的人都認為，這個寫作計畫肯定會為他贏得很好的聲譽和成就。

五年後，一位朋友和塞德閒聊時，無意間提到那本書：「塞德，你的那本書是不是已經大功告成了？」不料，塞德竟滿臉愧色地說：「我根本就沒寫。」

見朋友一臉狐疑，塞德急忙解釋說：「這並不是一件簡單的事情，我一直在考慮如何寫好它，但總感到有什麼地方還沒有考慮周全……」

塞德因為反覆思考而遲遲沒有動筆，五年過去了他還在考慮，這樣下去，他會永遠也寫不出這本書。而史威茲就不同了，他想到做到，他成功了。

保險業務員史威茲喜歡打獵和釣魚。他最大的快樂就是帶著釣魚竿和來福槍進入森林露營，幾天之後再帶著一身的疲憊和泥濘心滿意足地回來。

他唯一的困擾是，這個嗜好會花去太多的時間。有一天，他依依不捨地離開露營的湖邊，回到現實的保險業務工作中時，突然有一個想法：荒野之中，也許有人會買保險。如果真

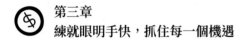

是這樣，豈不是在外出休閒時，他也一樣可以工作了嗎？經過他的一番調查，果然，阿拉斯加鐵路公司的員工正有此需求。散居在鐵路沿線的獵人、礦工也都是他的潛在客戶。

史威茲立刻做好計畫，搭船前往阿拉斯加。他沿著鐵路來回數次，受到了熱烈的歡迎。他不但是唯一和他們接觸的保險業務員，更是外面世界的代表。除此之外，他還免費教他們理髮和烹飪，經常受邀成為座上賓，享受佳餚。就這樣，在短短一年內，他的業績突破了百萬美元，同時他也享受到了登山、打獵和釣魚的無限樂趣。他把工作和生活做了最完美的結合！

感悟：

　　為什麼那些受教育程度不高的人，成功的機率一點都不比受過高等教育的人低？癥結其實就在思和行的問題上。他們之中，一些人想問題簡單一些，想到就做，結果成功了；另一些人則想問題複雜一些，顧慮重重，左想右想，結果總是拖著不做，當然也就不可能成功。

格言：

　　凡事要做則做，若一味因循，大誤終身。

—— 錢泳

尊重每一個人，有時會給你帶來機遇

強生公司的業務員常前往一家藥品雜貨店。每次去總要先跟櫃檯賣飲料的男孩打過招呼，再寒暄幾句才去見老闆。

有一天，老闆突然告訴他今後不用再來了，他不想再買強生公司的產品了。這個業務員只好離開了。

這位業務員開著車子在鎮上轉了很久，百思不得其解。最後他決定再回到店裡，把情況搞清楚。

走進店裡的時候，他照常和櫃檯上賣飲料的男孩打過招呼，然後到裡面去見老闆。

老闆見到他很高興，笑著歡迎他回來，並且比平常多訂了一倍的貨。

業務員十分驚訝，老闆指著櫃檯上那個賣飲料的男孩，對他說：

「在你離開店鋪以後，賣飲料的男孩走過來告訴我，你是來店裡的人中唯一會和他打招呼的人。他告訴我，如果有什麼人值得跟他做生意的話，就應該是你。」從此老闆成了這個業務員最好的客戶。

感悟：

　　人都希望得到別人的尊重，見面時一聲招呼、一個微笑，傳遞的是對對方的尊重。這樣簡單的事情，人人都能做

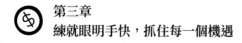
到，卻不是人人都能做好。尊重每一個人，有時會帶來意想不到的奇效。

格言：

別以為命運能支配一切，美德的力量可以使他俯首帖耳。

—— 伊莉莎白一世（Elizabeth I）

只有獨具匠心的人，才能發掘出平常事物的商業價值

週末，湯姆森一家一起到泰國著名的梅林海灘去旅遊。擠上火車，轉乘汽車，一路風塵僕僕。到達目的地，也不過是做日光浴、喝飲料、看風景、划小船而已。然後，又一路風塵僕僕地返回家中。

玩了幾個小時，路途卻花費了十幾小時。這樣的旅遊未免顯得單調而枯燥。湯姆森想，能不能讓旅客「一路旅行一路樂」呢？

經過一番謀劃，湯姆森在通往梅林海灘的中途，買下一片土地，創辦了一座大型的遊樂園。

這座遊樂園憑藉著原始野地的風光，依山傍水，又巧為布置，造噴泉、挖小溪、植花樹。整個遊樂園空氣清新，陸地樹

木鬱鬱蔥蔥，湖池碧波蕩漾，環境十分優美。最使人感到新奇而有趣的是他購買了許多天然珠寶、金戒指、人工寶石、化石等奇珍異寶藏匿於樂園的花叢、蘆葦、草木之中，讓遊客透過新奇的探險去尋找，從中激發生命活力，增添無限樂趣。

果然，湯姆森的遊樂園第一天開張，就招引了大批客人進園，玩賞的玩賞，尋寶的尋寶。

湯姆森深諳商業心理學，派出許多攝影師跟隨採訪，將旅客覓得珠寶而欣喜若狂的鏡頭及時拍下來，並把這些照片懸掛在樂園門口或登在電視廣告上。如此一來，遊樂園的營業額便扶搖直上。由於這裡是去梅林海灘的必經之地，儘管每張門票售價 800 元，還是每天遊人如織。現在它已成為泰國旅遊界一大奇觀。

感悟：

在我們司空見慣的平常事物中，常常隱藏著巨大的商機。但多數人都淡然處之，不思索或思索後也不付諸行動。只有那些獨具匠心的人才善於發現，並加以利用，從而從平常事物中發掘出商業價值。

格言：

機遇像一塊粗糙的石頭，只有在雕刻家手中才能獲得新生。

—— 弗里德里希·席勒（Friedrich von Schiller）

危機中的商機，總是留給冷靜審視危機的智者

明成祖時，蘇州是個繁華的地方。

一天，蘇州城最繁華的一條街市失火，火勢迅速蔓延，數以萬計的房屋商鋪頃刻之間化為廢墟。

商家們都忙著救火，有一位姓劉的員外，苦心經營了大半生的幾間絲綢店也恰在那條街市中。火勢越來越猛，他大半輩子的心血眼看將毀於一旦，但是他並沒有讓夥計和奴僕衝進火海，捨命搶救財物，而是不慌不忙地指揮他們迅速撤離，一副聽天由命的神態，令眾人大惑不解。

然後劉員外從容地派人從長江沿岸平價購回大量木材、毛竹、磚瓦、石灰等建築用材。

當這些材料像小山一樣堆起來的時候，他又歸於沉寂，整天品茶飲酒，逍遙自在，好像失火壓根與他毫無關係。

大火燒了七天之後被撲滅了，但是曾經車水馬龍的蘇州，半個城幾乎成了灰燼。

沒幾日朝廷頒旨：重建蘇州城，凡經營銷售建築用材者一律免稅。於是蘇州城內一時大興土木，建築用材供不應求，價格陡漲。

劉員外趁機拋售建材，獲利巨大，其數額遠遠大於被火災焚毀的財產。

感悟：

危機中蘊藏著巨大商機，而且兩者成正比。危機越大，商機也越大。在危機面前，有人驚慌失措，自然不會發現商機。而智者，卻冷靜審視危機，發現其中的商機，並緊緊抓住它。

格言：

奉勸大家一定要記住：危機之後，機會就在眼前。

—— 絲川英夫

堅持到底，機遇就不會從眼前溜走

在一次世界優秀指揮家大賽的決賽中，交響樂指揮家小澤征爾按照評審給的樂譜指揮演奏，敏銳地發現了不和諧的音符。

起初，他以為是樂隊演奏出了差錯，就停下來重新演奏，但還是不對。

他覺得樂譜有問題。這時，在場的作曲家和評審中的權威人士堅持說樂譜絕對沒有問題，是他錯了。面對一大批音樂大師和權威人士，他思考再三，最後斬釘截鐵地大聲說：

「不！一定是樂譜錯了！」話音剛落，評審席上的評審們立即站起來，報以熱烈的掌聲，祝賀他大賽奪魁。

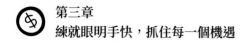
　　原來，這是評審們精心設計的「陷阱」，以此來檢驗指揮家在發現樂譜錯誤並遭到權威人士「否定」的情況下，能否堅持自己的正確主張。

　　前兩位參加比賽的指揮家雖然也發現了錯誤，但終因隨聲附和權威們的意見而被淘汰。而小澤征爾卻因充滿自信而摘取了世界指揮家大賽的桂冠。

感悟：

　　毋庸置疑，人們對權威人士總是非常迷信。在與權威們意見有分歧時，常懷疑是自己錯了。在任何時候，只要確定自己是正確的，就應堅持到底。也只有堅持到底，成功的機遇才不會從眼前流失。

格言：

　　全部祕訣只有兩句話：不屈不撓，堅持到底。

　　　　　　　　　　　—— 杜斯妥也夫斯基（Fyodor Dostoyevsky）

第四章

勇於創新，積極開拓人生天地

在知識經濟時代，創意最富有價值

一天，著名勵志大師拿破崙·希爾接到一位年輕人的來信，他剛從商學院畢業，希望到希爾的辦公室工作。年輕人在信中夾了一張嶄新而從未摺疊過的 10 元新鈔。信是這樣寫的：

「我剛剛從一家一流的商學院畢業，希望能到您的辦公室服務。因為我了解到，一個剛剛展開自己商業生涯的年輕人，能夠幸運地在像您這樣的人指揮下工作，實在太有價值了。」

「隨函附上的 10 元鈔票，足以償付您給我的第一週指示所花的時間，我希望您能收下這張鈔票。在第一個月裡，我願意免費替您工作，然後，您可以根據我的表現而決定我的薪水。我希望能獲得這份工作，渴望的程度，超過我一生當中對任何事情的熱情。為了獲得這份工作，我願意做任何合理的犧牲。」

這位年輕人終於進入拿破崙·希爾的辦公室。他的「想像力」使他獲得了他所希望得到的機會。在他工作的第一個月即將屆滿前，一家人壽保險公司的總裁知道了這件事，立即請這位年輕人去當他的私人祕書，薪水相當高。而最後，他成了世界上最大一家人壽保險公司的高階管理人員。

感悟：

知識經濟的時代是一個以創新為主旋律的時代，創意在這樣的時代最富有價值。這裡的創意絕不僅僅是設計出幾款

新產品或設計出幾種新圖樣，而是滲透於生活和工作的各個方面。就個人而言，創意意味著一個人的潛能和價值。

格言：

現在已被證實的一切，都曾經僅僅是想像。

—— 威廉·布萊克（William Blake）

勇於創新，才能使自己脫穎而出

有一個人在一家大公司做會計。公司的貿易業務很忙，節奏也很緊湊，往往是上午對方的貨剛發出來，中午帳單就傳真過來了，隨後就是快遞過來的發票、貨運單等。他的桌子上總是堆滿了各種帳單。

帳單太多了，都是千篇一律地要錢，他常常不知該先付誰的好。經理也一樣，總是大概看一眼就扔在桌上，說：「你看著辦吧。」但有一次，經理卻說：「付給他。」

那是一張從巴西傳真來的帳單，除了明列貨物的價格、金額外，大面積的空白處寫著一個大大的「SOS」，旁邊還畫了一個人，正在滴著眼淚，線條簡單，但很生動。這張不同尋常的帳單一下子引起了經理的重視，他看了便說：「人家都流淚了，以最快的方式付給他吧。」

　　這個討債人用一個富有創意的小幽默，便如願以償，可見個人創新的重要。對於組織、企業甚至政府來說，創新也很重要。世界速食連鎖業大廠麥當勞公司（McDonald's）就是倡導創新思想的典範。

　　麥當勞鼓勵公司員工和加盟主的創新行為，大膽進行各種改革和嘗試。他們認為，沒有什麼想法是不值得一試的。在這種幾十年如一日的創新活動中，雖然也經歷了無數次的失敗，但麥當勞公司在實現食品加工和物流現代化等方面卻取得了無與倫比的功績，麥當勞的形象已經遍及世界各地。

　　加盟主盧·格倫（Lou Groen）在辛辛那提市一個羅馬天主教徒比較集中的地區開了一家麥當勞。他試著推出了一種魚排漢堡，結果銷售量大增。後來這一品項成了各分店菜單上的固定餐點，名字就叫「鱈魚堡」，從而突破了麥當勞公司漢堡、炸薯條和飲料的超值全餐系列範圍。

　　匹茲堡的加盟主吉姆·德利加蒂（Jim Delligatti）發現附近一家速食店出售一種巨大的漢堡，生意興隆，吸引走了不少顧客。於是他在芝麻麵包中夾進兩片牛肉、幾片萵苣和一些蔥花、乳酪，外加少許風味特殊的果醬，做成了味足量大、營養全面的巨型漢堡，突破了麥當勞公司以前定下的標準：漢堡肉必須是 1.6 盎司，麵包直徑必須是 3.5 吋。銷售量果然增加可觀。後來麥當勞公司全盤採用這種形式，起名為「大麥克」，很快成為各分店的頭號暢銷品項。

感悟：

　　創新是成功者的最高品質，墨守成規則是成功的瓶頸。一項調查顯示，成功者必須具備的特徵是：創新精神、勇於標新立異、熱愛所從事的工作、漠視財富的累積、有較強的學習能力、樂於面對挑戰，以及不斷地更新和累積知識。

格言：

　　如果你要成功，你應該朝新的道路前進，不要跟隨被踩爛了的成功之路。

—— 大衛·洛克菲勒（David Rockefeller）

善於創新，是成大事的祕訣

　　克勞斯是天生做生意的人，他說：「我從小就討厭從事一個普通的職業，因此一直沒有工作。而我說過，其實我能做任何工作 —— 甚至做冰淇淋。」

　　於是，這位賓州大學的學生入學後在宿舍裡做起了冰淇淋。不久，同校的兩個夥伴科恩和希爾頓也加入了。克勞斯賣掉大部分債券自己投資，並拿出他高中時挨家挨戶上門推銷淨水器時賺的六萬美元，和他們合夥開了這家公司。

　　經過市場調查，克勞斯發現，冰淇淋的口味已經 20 年沒有

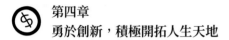
變化，他敏銳地察覺到，這為他們創業提供了一個很好的發展
空間。

他採納了啤酒商薩繆爾‧亞當斯的建議，使用啤酒釀造技術
製作口味奇特的冰淇淋。他與當地的乳酪廠連繫，由他們提供
特製的牛奶。

由於口味的創新，使這家小型的冰淇淋公司很快吸引到了
創投投資。結果，新產品一上市就供不應求。它的風味很快就
成為一種飲食時尚，風行歐美及世界各地。

克勞斯的美國傑瑞米冰淇淋公司生產口味獨特的超級冰淇
淋，在 1999 年銷售額達 500 萬美元。

感悟：

　　成大事最重要的祕訣之一就是善於創新。創新需要以一
定的知識為基礎，但僅有知識是遠遠不夠的，知識只有在大
腦的運用下才能夠創造價值。只有那些善於開拓創新、善於
創造社會價值的人，才能夠成就大事。

格言：

　　事業成功的最大祕訣就是創新。我們年輕人應該是一個
產業中的創新者，而不是一成不變的製造者。因為年輕的本
質特徵就是求新求異和充滿朝氣。

—— 克勞斯

只有革新，才能圖強

西元前 383 年，吳起投奔楚國，受到楚悼王重用，拜為令尹。

他實行變法，革新楚國政治、經濟和軍事。打擊舊貴族勢力，精簡國家機構，獎勵耕戰之士，由國家統一指揮軍隊，厲甲兵以爭天下。

吳起變法僅一年，楚國由弱變強。

楚悼王死後，舊貴族發動叛亂，包圍王宮，亂箭射死吳起。吳起雖然遇害，但他傑出的革新主張，對後代具有深遠的影響。

無獨有偶，漢武帝也是透過革新才使國家富強起來的。

漢武帝登位後，政治上一直沿襲前人之術，建樹不大，從「文景之治」之後一度跌落谷底。

一次，儒士董仲舒和漢武帝談及為政必須改革創新的問題，董仲舒認為政治上墨守成規，再聖明的君王也不可能有所作為。

董仲舒說：「如今漢朝繼秦朝的暴政之後，雖然國君想好好治理國家，卻無可奈何。比如琴瑟不可調音時，就必須更換新的，才可以再彈奏。管理國家卻沒有建樹，就必須加以變化，才能治理有方。應更新而不更新，即使有良工，也無法調理琴瑟；應革新而不革新，即使有賢才，也不能治理好國家。」

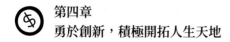

漢武帝聽從了董仲舒的意見，政治上實行了許多新舉措，從而維持了漢朝近半個世紀的昌盛繁榮。

感悟：

苟安一時，墨守成規，得過且過，除了能渾渾噩噩過日子外，只能是每況愈下。個人如此，將使自己陷於貧困，生計艱難；國家如此，將使人民困苦不堪，國力衰疲，積貧積弱。只有大膽革新，改變現狀，才能圖強。

獨到的切入點

創造中國出版界的奇蹟，被譽為出版業「超級黃金搭檔」的金麗紅、黎波，就是現在積極把願望付諸行動、「心行一處」的典範。

在出版業競爭日趨激烈，大多數出版社、書商感嘆暢銷書少、暢銷書可遇而不可求的時候，金麗紅、黎波這對出版界的黃金搭檔，創造出的暢銷書超過數十種，單本書市場銷量絕大多數達到 30 或 50 萬冊，有的甚至超過 100 萬冊。近幾年內，這兩位黃金搭檔在暢銷書上從未失手過，從央視的著名主持人、最有實力的作家到演藝圈的巨星等等，幾乎全部被他們一網打盡。

金麗紅以前是一名記者，她轉入出版業的時候已經 40 歲，1988 年她從中國中央人民廣播電臺來到華藝出版社。

1990 年代中期，金麗紅敏銳地發現，只有一流的、成功的人物才具有相對的權威性，對同領域的人士和普通讀者才有足夠的震撼性和影響力。他們的書一旦在市場上問世，肯定會有很大的需求量。她還考慮到，儘管名人不一定都能寫書，寫出的書並不一定都會受到讀者的歡迎，但圖書的銷量肯定是與其社會知名度成正比的。

基於這樣的想法，金麗紅瞄準這一目標積極行動起來，企劃主題，向名人約稿。她承認，八年的記者生涯對她從事這項工作提供了很大的便利。但是，想好了就不遺餘力地去做，才是她成功最根本的原因。

感悟：

　　許多人為了獲取成功，常會為尋找一個成功的途徑而「眾裡尋他千百度」，其實大可不必。根據自身的優勢，選擇一個適合自己的產業，找準一個獨到的切入點，然後不遺餘力地把願望付諸行動，成功便會在不遠處召喚著你。

格言：
　　處亂世不用常法，要以開創精神開闢業務。

—— 礜田一郎

積極挑戰未知，改變現狀

　　一位年輕人從父親手中接管了珠寶店。他的父親是一位出色的珠寶商，他接手時，珠寶店已經初具規模，並有多家分店。年輕人以為憑藉著父親的遺傳和從小的耳濡目染，打理珠寶生意應該是很容易的事。可後來由於多次投資失誤 —— 他看好並花大錢購進的珠寶總得不到顧客的青睞 —— 最終珠寶店的生意大不如從前。最後，他只好把珠寶店賣掉了。

　　年輕人分析了自己失敗的原因，認為自己的鑑定能力太差了，而且珠寶占用的資金也太多，風險太大。因此，他決定開一家服飾店。一年之後，他又失敗了。

　　收掉服飾店之後，年輕人又接連嘗試了飯店、印刷廠、造紙廠等等，而且無一例外地都失敗了。

　　一次次嘗試和一次次失敗之後，他已經到了垂暮之年。盤點了自己所有的財產之後，他發現自己所擁有的錢只夠到郊外買一塊墓地。第二天，他便選好了一塊地作為自己死後的居所。

　　就在他辦好土地所有權手續的第五天，奇蹟發生了：他所在的城市公布了即將建設環城公路的決定，他買下的墓地正處於環城公路的一個出口處，地價迅速飆升，很快就翻了十倍。他把那塊土地脫手後又低價買進了幾塊在他看來很有潛力的土地，沒過多久這些土地又開始升值。

嘗試了那麼多領域的他，終於在垂暮之年找到了最適合自己的位置，沒過幾年就成了城裡最大的地產商。

感悟：

　　積極挑戰未知是一個人成長和走向成熟的關鍵。在探索未知的過程中，我們可以學到很多有用的知識，累積起寶貴的人生經驗，而這些都是一個人在社會上立足和不斷成長的資本。如果只在自己已經熟悉的領域，老老實實地生活與工作，難免會讓我們局促一隅，耽擱了更多的精彩。

格言：

　　一樣是不滿於現狀，但打破現狀的手段卻不同：一是革新，一是復古。

—— 魯迅

開拓新的商業領域，也許會迅速成功

1980 年代，英國牛津大學物理系博士邁克在工作時，曾有公司請他推薦一些物理專業人才。

因此，他做了一些調查，發現市場上出租產業十分興旺，有出租房屋的，有出租服裝的，有出租小黃的，有出租警衛的，幾乎無所不包。

邁克想，出租人才的業務尚未出現，如果他能創辦一家這樣的出租公司，那些需要他推薦專業人才的公司就可以解決問題了，他還能從中賺錢呢！

邁克決定成立一家人才出租公司，名叫「人才支援公司」。他在倫敦租了一間辦公室，然後在報刊登出一則廣告，廣告詞是這樣的：「本公司徵求和出租各種專業人才，服務時間長短均可，待遇優厚，歡迎惠顧。」

廣告刊登之後，很多專家看到這則廣告後紛紛到「人才支援公司」來應徵，有工作的人願意在業餘時間做些「出租」兼職工作，失業者則希望做長期的「出租」工作。

邁克將應徵者的條件逐一詳細登記，並告訴他們等候錄取通知。

那些需要專業人才的企業，看見這則廣告後，也踴躍前來租用專業人員，邁克則從中進行恰當的調配和安排，使雙方各得所需。這項業務很快就開展起來。

邁克對於「出租人才」業務的判斷準確無誤，「人才支援公司」迅速發展。如今，它已招攬了六萬名各類人才，他們中有化學、生物、電器、環保等各類專家。

這些專業人員既實現了施展才華的抱負，又增加了收入。當然，邁克也迅速致富了。

感悟：

　　年輕人剛開始創業時，如果跟在別人屁股後面跑，在已趨飽和的市場分一杯羹，就不會有什麼大的成就。只有積極開拓新的商業領域，才有可能迅速成功。

格言：

　　新手永遠應憑獨創的作品開始他的事業。

　　　　　　　　　── 安東·契訶夫（Anton Chekhov）

真正的拓荒者，從不挖別人的牆腳

　　里克特經過三番五次的面試、筆試，終於如願以償地進入一家大公司。可是，在去行銷部報到的第一天，他卻發現自己是沒有地盤的行銷代表。在行銷部，幾個業務員已經極其周密地分了工，把容易做出業績的地區全部占據了。

　　里克特一來，行銷部經理就主持召開了目標市場重新分配會議，在會議上百般勸導，希望幾個業務員前輩有點覺悟，將部分市場讓給里克特，要不然帶里克特一起跑，讓他做出點業績也行。經理暗示了老半天，那幾個業務員前輩都裝作聽不懂，不理會這個話題，經理漸漸也沒了主意。這也難怪，搞業務的，市場就是命根子，牢牢把握好市場，就容易做出業績。

119

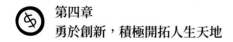
經理最後無奈地對里克特說：「我有幾個地區，但不好做，你要不嫌棄，我們就一起跑。」

然而，里克特卻拒絕了。

里克特的校友、在同一公司擔任技術員的帕克斯見他按兵不動，以為他束手無策，就幫忙他出主意：「里克特，現在是市場經濟，要靠業績吃飯，你不能太老實了。那些業務員前輩把地盤占完了，還把持著不讓別人動，這規則是誰定的？你誰都不用管，看好的地盤，就大膽地去占。」

里克特對帕克斯的勸告一笑了之，他不希望與業務員前輩鬧到同行是冤家的地步，變成戒備、防範和對峙的關係。他試著說服自己：看起來地盤是被占完了，但市場這麼大，一定還有許多未開發的處女地。

里克特開始到公司銷售覆蓋以外的空白地區開拓市場。他認真觀察，周密地進行市場調查，科學分析資料，腳踏實地地去做找客戶的工作。一個月後，他終於在一個地區建立了辦事處，並且銷售額逐步穩中有升。這讓那些業務員前輩瞠目結舌：「嘿，這個年輕人很厲害啊！我怎麼沒發現那些地區能出單呢？」

現在，里克特與業務員前輩的關係也發生了很大的轉變，不再是劍拔弩張，而是和諧融洽。業務員前輩也鬆了一口氣，並且經常傳授一些業務經驗給他。里克特很快就成了公司的業務菁英。

感悟：

　　初入社會的年輕人，急於開拓、占有自己地盤的心理是無可厚非的，但要講究方式及方法，萬萬不可眼紅別人，不擇手段地去挖別人的牆腳，占別人的地盤。那樣會讓你得不償失，不但可能達不到目的，還會惡化同事之間的關係，甚至因此而引起上司的不滿，乾脆讓你走人。

格言：

　　勇於走前人沒有走過的路的拓荒者，永遠是不朽的。

—— 武者小路實篤

▍別具一格，效果非凡

　　美國紐約市的一個植物園，內有多姿多采的花卉和形狀奇特的盆景，每天遊客絡繹不絕。

　　但是，由於植物園面積很大，園內的管理員監督不過來，便經常有遊客找準機會偷盜花木，許多珍稀的花木都被偷走了，讓管理員十分著急。

　　怎麼辦呢？必須有效制止這股偷盜花木的惡劣風氣。管理員左思右想，想出了一個妙計。他在植物園上方掛了一塊告示牌，上面寫著：「凡檢舉偷盜花木者，賞金 200 美元。」

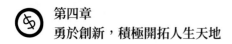

好奇的遊客問管理人員：「為何不按往常的習慣，寫成『凡偷盜花木者，罰款 200 美元』？」

管理人員笑著回答：「要是那麼寫，就只能靠我的兩隻眼睛。而現在，可能有幾百雙警惕的眼睛。」

無獨有偶，一位詩人的創新也收到了非凡的效果。

冬日的紐約大街，一個雙目失明的乞丐在路邊乞討。乞丐的脖子上掛著一塊牌子，上面寫著：「自幼失明」。

一個詩人路過時，看了一下牌子，對乞丐說：「我也很窮，沒有錢給你。不過我給你點別的吧。」說完，他便隨手在乞丐的牌子上寫了一句話。

這下怪了，乞丐此後得到很多人的同情和施捨。乞丐疑惑不解。

後來才得知原來牌子上寫的是：「春天就要來了，可我卻看不到。」

感悟：

創新是對過去的遺忘，是對現在的不滿，是對未來的憧憬。因此，要想創新，就應該改變過去，立足現在，面向未來。只有別具一格，才能達到非凡的效果。

格言：

推陳出新是我的無上訣竅。

—— 莎士比亞（William Shakespeare）

拙劣的藝術家，永遠戴著別人的眼鏡

劉石庵是清朝乾隆年間的書法家，他能集各家之長而又自成一體，形成了豐腴厚重的獨特風格。

劉石庵有個學生，是另一位書法家翁方綱的女婿。翁講究「筆筆有來歷」，寫字處處以古人為典範，不像之處，便認為是敗筆。

當他的女婿問他對劉石庵的書法有何看法時，翁方綱不以為然地說：

「去問問你老師哪一筆是古人的？」

他單純憨厚的女婿沒注意這句話的挖苦口氣，真的去問老師劉石庵，劉沉吟了一會，說道：

「你回去問問你岳父，哪一筆是他自己的？」

這針鋒相對的質問，表現了兩位書法家不同的藝術見解。

後人對擁有自己風格的劉石庵書法的喜愛，遠在一味臨摹仿古的翁方綱之上，這是對兩種藝術實踐公正的裁決。

同樣，決心創新流派的周信芳也受到觀眾喜愛。

周信芳是中國著名的京劇表演藝術家，麒派藝術的創始人。周信芳在其表演藝術漸趨成熟、日臻完美時，不幸的事情降臨了：嗓子啞了。這對一個以唱功為主的老生演員來說，「倒嗓」是個致命的打擊，為此，有的人不得不改行，或靠耍花腔來遮醜。

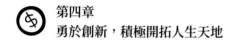
　　不過，周信芳對此一沒氣餒，二不取巧，決心闖出一條新路來，他冷靜地分析了自己的嗓音條件，經過反覆思考，決定在唱腔上講究氣勢，學「黃鐘大呂之音」。

　　為此，他首先堅持不懈地下功夫練氣，做到發聲氣足洪亮，咬字噴口有力，又特別在體會角色的思想感情方面努力，確切地表現出人物的性格、氣質。

　　經過長期的鑽研、探索，周信芳不僅沒有受「倒嗓」的限制，反而形成了蒼勁強烈、韻味醇厚的特色，創造了獨樹一幟、受觀眾喜愛的麒派藝術。

感悟：

　　自古以來，不論是文學、書法還是戲劇，都是流派紛呈，百花齊放，但是，只有那些風格獨具的流派才會受到後人的推崇。在藝術上只有獨樹一幟，才有生命力。其他事情，雖不同於藝術，但創新精神也必不可少。

格言：

　　拙劣的藝術家永遠戴著別人的眼鏡。

　　　　　　　　　　　　—— 奧古斯特・羅丹（Auguste Rodin）

發揮創造力，條條道路都可通向羅馬

伊爾莎年輕的時候，有一次，父親帶她登上了羅馬一座教堂高高的塔頂。

「往下瞧瞧吧，伊爾莎！」父親說道。

伊爾莎鼓足勇氣朝腳底看去，只見星羅棋布的村莊環抱著羅馬，如蛛網般交叉彎曲的街道，一條條通往羅馬廣場。

「好好瞧瞧吧，親愛的孩子，」伊爾莎的父親溫柔地說：「通往廣場的路不止一條。生活也是這樣。假如妳發現走這條路達不到目的地，妳就走另一條路試試！」

伊爾莎的人生目標是成為一名時裝設計師。然而，在她朝這個目標前進了一小段時間之後，就發現此路不通。伊爾莎想起了父親的話，決定換一條前進的道路。

伊爾莎來到了巴黎這個全世界的時裝中心。有一天，她碰巧遇到一位朋友，這位朋友穿著一件非常漂亮的毛衣，顏色樸素，但編織得極其巧妙。經過朋友介紹，伊爾莎知道編織這位毛衣的太太名叫維黛安，在她的出生地美國，她學會了這種針織法。

伊爾莎突然靈機一動，想出了一種更新穎的毛衣設計。接著，一個更大膽的念頭湧進了她的腦中：為什麼不利用父親的商號開一家時裝店，自己設計、製作和出售時裝呢？可以先從毛衣入手嘛！

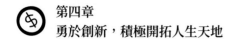

　　於是，伊爾莎畫了一張黑白蝴蝶花紋的毛衣設計圖，請維黛安太太先織一件。織好的毛衣漂亮極了。伊爾莎穿上這件毛衣，參加了一個時裝商人矚目的午宴，結果紐約一家大商場的代表立即訂購了 40 件這樣的毛衣，並要求兩星期內交貨。伊爾莎愉快地接受了。

　　然而，當伊爾莎站在維黛安太太面前時，維黛安太太的話讓伊爾莎愉悅的心情一下子消失得無影無蹤了。「妳要知道，編織這麼一件毛衣，我幾乎要花上整整一星期的時間啊！」維黛爾太太說：「兩星期要 40 件？這根本不可能。」

　　眼看勝利在望，此路又不通了！伊爾莎沮喪至極，垂頭喪氣地告辭了。走到半路上，她猛然止步，心想：必定另有出路。這種毛衣雖然需要特殊技能，但可以肯定在巴黎，一定還會有別的美國婦女懂得編織的。

　　伊爾莎連忙趕回維黛安太太家，向她說出了自己的想法。維黛安太太覺得有道理，並表示樂意協助。伊爾莎和維黛安太太好像偵探一樣，調查了住在巴黎的每一位美國人。透過朋友們的輾轉介紹，她們終於找到了 20 位懂得這種特殊針織法的美國婦女。

　　兩個星期以後，40 件毛衣按時交貨，從伊爾莎新開的時裝店，裝上了開往美國的貨輪。此後，一條裝滿時裝和香水的河流，從伊爾莎的時裝店裡源源不斷地流出去了。

感悟：

　　成功的方法不僅僅在於堅韌的奮鬥，更應該發揮自己的想像力與創造力，因為成功的道路並不只有一條。一條路行不通，積極、靈活地尋找另一條通往成功的路，才可以將自己立於不敗之地。記住：通往羅馬的路不止一條。同樣，成功的路也是如此。

格言：

　　向還沒有開闢的領地進軍，才能創造新天地。

—— 李政道

發展天賦，它終會綻放出奪目的光華

　　朱德庸是臺灣著名漫畫家，他的作品如《雙響炮》、《澀女郎》、《醋溜族》等在臺灣具有很大影響力，在中國也非常暢銷。但小時候的朱德庸卻是一個功課不好的學生，就連最差的學校也不願意招收他。

　　老師們認為朱德庸非常笨，開始他自己也是這麼認為。十幾歲以後才明白，自己不是笨，是有學習障礙。同時他也發現自己的特點：對圖形很敏感。

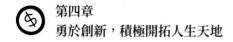

　　畫畫成了朱德庸生活中最大的快樂。他說：「外面的世界沒法待下去，唯一的辦法就是回到自己的世界，因為這個世界裡有我的快樂。」

　　朱德庸的父母為此也吃了很多苦頭，他們動不動就被老師叫到學校去，聽老師訓話。儘管如此，父母依然很支持他畫畫。朱德庸的爸爸會經常裁好白紙，整整齊齊釘起來，給他當畫本。

　　關於天賦，朱德庸有非常精彩的見解：

　　「我相信，人和動物是一樣的，每個人都有自己的天賦，比如老虎有鋒利的牙齒，兔子有高超的奔跑、彈跳力，所以牠們能在大自然中生存下來。人也是一樣，不過很多人在成長過程中把自己的天賦忘了，就像有的人被迫當了醫生，而他可能是怕血的，那他不會快樂。人們都希望成為老虎，而這其中有很多只能是兔子，久而久之，就成了四不像。我們為什麼放著很優秀的兔子不當，而一定要當很爛的老虎呢？社會就是很奇怪，本來兔子有兔子的本能，獅子有獅子的本能，但是社會強迫所有的人都去做獅子，結果出來一批爛獅子。我還好，天賦或者說本能，沒有被掐死。」

感悟：

　　談到天賦，應該說每個人都有天賦。不過，有些人的天賦被埋沒，被家長或意識形態扼殺，逐漸便喪失了。發現自己的天賦，並堅持發展它，最終天賦會綻放出奪目的光華。

格言：

天性，往往比教育有更大的影響。

—— 伏爾泰（Voltaire）

走自己的路，努力做好

30 年前，痴迷麵包的巴黎青年波伊蘭（Lionel Poilane）從父親手中接下麵包店，他決定不做新口味的麵包，而是找回幾乎被人們遺忘的傳統口味麵包。

在兩位學生的協助下，波伊蘭花了兩年時間，登門求教了一萬多個老烘焙師傅。這期間，他共嘗了 75 種從未吃過的麵包；同時，他還收集了兩千多冊有關麵包的書籍，悉心閱讀。經過此番細緻研究，波伊蘭發現以前的法國麵包是黑麵包，而不是如今人們所熟悉的白麵包。

原來在法國，傳統的黑麵包一向是普通人家吃的，但在二次大戰後，來自外地的白麵包因為象徵著富有及自由，很快成了新寵，黑麵包自此幾乎銷聲匿跡了。有了這一研究結果，波廉很快將全部精力投入復古味道的黑麵包中。

隨著波伊蘭烘烤麵包的手藝越來越精，他的黑麵包也擁有了越來越多顧客，從巴黎到全法國再到世界各地，波伊蘭的黑麵包受到了熱烈的歡迎。

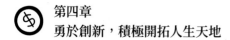

第四章
勇於創新，積極開拓人生天地

　　儘管波伊蘭的黑麵包擁有如此眾多的顧客，但他並沒有打算在全球各地開設分店，原因很簡單，因為各地的條件不同，不一定能夠生產出正宗的黑麵包。

　　為了在最短的時間裡將黑麵包送到世界各地的顧客手中，波伊蘭將麵包廠設在巴黎機場附近，然後靠著機場旁的聯邦快遞轉運中心，及時將麵包運送出去。

　　顧客滿天下的波伊蘭除了精心烘烤麵包，還將他對麵包的研究過程及心得寫成了一本書，這本書至今仍是法國各地烹飪學校必備的教科書之一。

　　就這樣，憑藉著不為人所看好的黑麵包，波伊蘭成就了自己輝煌的人生。

　　感悟：

　　　沒有人不渴望成就一番偉大的事業，我們把目標定得很高，那些卑微的工作很少有人放在眼裡。我們嘆息自己時運不濟，但我們卻很少問自己，自己真的努力過嗎？走自己的路，全心全意的熱愛，持之以恆的努力，成功就會不期而遇。

　　格言：

　　　不去探索更新的道路，只是跟著別人的腳印走路，也總會落後別人一步；要想趕過前人，非有獨創精神不可。

—— 華羅庚

沒有文憑，同樣能闖出一片新天地

有一個年輕人，因為家貧沒能上大學，他去了城市裡，想找一份工作。可是他發現城市裡沒一個人看得起他，因為他沒有文憑。就在他決定要離開那座城市時，忽然想給當時很有名的銀行家羅斯寫一封信。他在信裡抱怨了命運對他是如何的不公，「如果您能借一點錢給我，我會先去上學，然後再找一份好工作。」

信寄出去了，他便一直在旅館裡等，幾天過去了，他用盡了身上的最後一分錢，也將行李打包好了。就在這時，房東說有他一封信，是銀行家羅斯寫來的。可是，羅斯並沒有對他的遭遇表示同情，而是在信裡講了一個故事給他。

羅斯說：在浩瀚的海洋裡生活著很多魚，那些魚都有魚鰾，但是唯獨鯊魚沒有。沒有魚鰾的鯊魚照理來說是不可能活下去的，因為牠行動極為不便，很容易沉入水底，在海洋裡只要一停下來就有可能喪生。為了生存，鯊魚只能不停地游動。很多年後，鯊魚擁有了強健的體魄，成了同類中最凶猛的魚。

最後，羅斯說，這個城市就是一個浩瀚的海洋，擁有文憑的人很多，但成功的人很少。你現在就是一條沒有魚鰾的魚……

那晚，他躺在床上久久不能入睡，一直在想著羅斯的信。突然，他改變了決定。

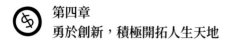
第二天，他跟旅館的老闆說，只要給他一碗飯吃，他可以留下來當服務員，一分錢都不要。旅館老闆喜出望外地留下了他。

十年後，他擁有了令全美國羨慕的財富，並且娶了銀行家羅斯的女兒，他就是石油大王哈特。

感悟：

　　生活在今天這個競爭激烈的社會，擁有頂尖名校的畢業文憑，無疑對於找工作有極大幫助，但是沒有文憑，同樣也能開拓出一片新天地。不辭辛苦，不怕人恥笑，從最底層的工作做起，再逐步累積經驗，奮鬥不息，也會取得傲人的成績。

格言：

　　如果自身偉大，任何工作你都不會覺得渺小。

—— 喬治‧麥克唐納（George MacDonald）

因循守舊，只有死路一條

1958 年，伊夫‧洛列以推銷專治痔瘡的特效植物香油膏為生，他每天挨家挨戶，不厭其煩地奔波著。

有一天，洛列靈機一動，何不在《這裡是巴黎》雜誌上刊登一則商品廣告呢？如果在廣告中附上郵購優惠單，說不定會有效地促銷產品。

他想到做到，廣告登出後，他的產品開始在巴黎暢銷起來，朋友們認為耗資太大的廣告費用與其獲得的利潤相比，簡直是九牛一毛。

接著，洛列又投資於用植物和花卉製造的美容品，這種產品被人認為毫無前途，洛列幾乎成了唯一的投資人。

1960 年，洛列生產的美容霜問世了，他獨創的郵購銷售方式又讓他獲得巨大成功。洛列透過各種銷售管道，短時間內就推銷了 70 多萬瓶美容霜。郵購商品在當時絕無僅有，而洛列卻利用它成功了。

1969 年，洛列創辦了他的第一家工廠，並在巴黎的奧斯曼大街開設了他的第一家商店，開始大量生產和銷售美容品。

洛列對他的職員說：「我們的每位女顧客都是王后，她們應該獲得像王后那樣的服務。」為了使顧客購買更加方便，他打破一切銷售學的常規，採用了郵購化妝品的方式。

每當收到顧客郵購單，洛列的職員都會在幾天之內把商品郵寄給買家，同時贈送一件禮品和一封建議信。建議信往往寫得十分中肯，絕無誇大地招攬顧客之嫌。這些信件總是反覆地告訴訂購者：美容霜並非萬能，規律的生活是最佳化妝品。而不像其他商品廣告那樣，把自己的產品說得天花亂墜，功效無與倫比。

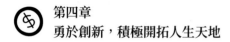

　　這種郵購手續簡單，顧客只需寄上地址便可加入「洛列美容俱樂部」，並很快收到樣品、價格表和使用說明書。郵購幾乎占了洛列全部營業額的 50%。

　　公司每年寄出郵包達 900 萬件，相當於每天 3 至 5 萬件。1985 年，公司的銷售和利潤增長了 30%，營業額超過了 25 億，在國外的銷售額超過了在法國境內的銷售額。在全世界擁有 960 家分店，是法國最大的化妝品公司「勞雷阿爾」唯一的競爭對手。

感悟：

　　伊夫·洛列之所以成功，除了優質的服務外，創新是其決定性因素。他目光獨到地投資美容品，又獨創了郵購化妝品的方式，創新造就了他的成功。可以說，在現今競爭已趨白熱化的情況下，因循守舊，墨守成規，只有死路一條。

格言：

　　距離已經消失，要麼創新，要麼死亡。

—— 湯姆·彼得斯

瞄準人們的需求，發明新事物

　　孟買有一種雌雄同穴的魚，其生存特徵很奇異：一對魚自幼從有隙的石頭中鑽了進去，待長大之後，由於身體長大而再也無法從隙縫中鑽出來，於是雙雙對對在隙縫中共度一生，走完生命的歷程，而成為風乾的「木乃伊」。

　　這種魚在孟買可說是俯拾皆是，人們視之為普通的石頭，根本沒有人考慮其經濟價值。

　　但有個美國商人卻獨具商業眼光，他首先察覺到了其深刻寓意：這種「從一而終」的魚，如果開發為結婚禮品，一定十分暢銷。因為結婚是每個人終身大事，人們在結婚時總是嚮往夫妻和諧，白頭偕老，送出帶有這種寓意的禮品，贈者表示祝福，受者表示忠貞，定能達到皆大歡喜的效果。

　　要挖掘出這種魚的商業價值，還得給牠取個合適的名稱。如冠以「雌雄魚」或「同命魚」之類的名字，則顯得太俗氣。

　　經過反覆斟酌，美國商人給牠取了個「鴛鴦魚」這個聽來合人心意的名字。這個名字不僅充分展現了魚的寓意，而且切合夫妻結合、永不分離的願望。

　　結果，這種魚從孟買進口時進價需 0.5 美元，而在美國市場上售價卻要 200 美元，其利潤之高，令人咋舌，但人們並沒有望而卻步，反而爭相搶購。

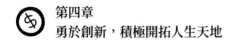
究其原因，一是這種禮品寓意深刻，這些魚已不是一般意義上的魚，而是被賦予了會帶給夫妻幸福美滿象徵意義的禮品；二是這種禮品新穎奇巧，滿足了人們求新求異的心理。

感悟：

普通的東西都有其存在價值，關鍵是人們能否運用大腦積極思考，大膽創新。滿足人們求新求異的心理，發現新的商業價值，再賦予其不凡的寓意，也許就會身價百倍。

格言：

需要是真正的創造者，它是我們的發明之母。

—— 柏拉圖（Plato）

利用人們的獵奇心理，成就事業

美國已成為世界公認的現代強國，但在美國一個偏僻的山區裡，有一個小山村因山路崎嶇，幾乎與世隔絕，幾十戶人家僅靠少量貧瘠的山地過日子，十分落後。全村人雖然也想脫貧致富，卻一直沒有找到好辦法。

一天，一位精明的商人路過此地，他立即感到這種落後的本身就是一種可貴的商業資源，便跟村裡的長者講了一個致富的方法。

　　於是，長者馬上召集村民們說：「現在外面的世界豐富多彩，可是我們還過著和原始人差不多的生活，作為一村之長，我深感內疚和痛心！不過，城裡人長期過優裕的生活，一定會感覺乏味。我們不妨走回頭路，乾脆過原始人的生活，利用我們的『落後』住樹洞、穿獸皮和樹葉做的衣服，吸引城裡人來這裡參觀。我們也可以藉此機會做生意賺錢。」這個主意博得全村人的喝采。

　　從此，全村人便開始模仿原始人的生活方式，住樹洞、穿獸皮和樹葉做的衣服。

　　不久，那位商人便向美國新聞界透露說他發現了一個原始人的部落，立即引起了社會各界轟動。

　　從此，慕名而至的參觀者絡繹不絕，眾多遊客為這個原本貧困的小山村帶來了可觀財富。有經營頭腦的人來這裡修公路、蓋賓館、開商店，將這裡開闢為旅遊景點。

　　小山村的人趁機做各種生意，終於富裕起來了。

　　幾年後，這裡的人們白天住樹洞、穿獸皮，晚上則換上現代人的衣服，住進景點外圍的豪華住宅裡，生活富足。

感悟：

　　利用人們的獵奇心理，使一個貧困落後的山村一變而為富足的旅遊景點。沒有創新的精神，沒有勇於開拓的魄力，很難實現這一切。

> 格言：
>
> 　有發明之力者雖舊必新，無發明之力者雖新必舊。
>
> ——陶行知

獨具慧眼，找到本產業的「冷門」

美國密西根州有一位叫做霍夫曼的年輕董事長，他專門在別人不注意、沒開發的空白點上下功夫，從而成功地發展了自己的事業。

霍夫曼高中畢業後在一家印刷廠工作，三年後他自己在密西根州開了一家小印刷廠。當時，大的印刷廠壟斷了市場，他這樣的小印刷廠很難生存。

正在他打算另謀出路時，有個小出版社向他訂了一千美元的精品圖書包裝袋。這筆小生意啟發了他的經營思路。他藉此機會到處去調查圖書的市場，發現這是個「被人遺忘的角落」，偌大的圖書市場，竟然沒有一家專做包裝的廠商。

霍夫曼認為，既然大家都不屑一顧，沒人願意去做，那麼由他先行下手來填補這個「隙縫」，在沒有對手競爭的情況下一定大有作為。

就這樣，他乘隙而入，搶先進入了這一行。

138

因為沒有人跟他競爭，也沒有人向他殺價，可以說是一項獨占的產業。隨著時髦、豪華、精裝書籍的增加，沒多久他就輕而易舉地坐上美國圖書包裝袋界的第一把交椅。

感悟：

　創業之初，要與強大的同行競爭，小企業往往落敗。而若能找到本產業中的「冷門」，做別人不屑做的事，往往容易成功。這需要一雙慧眼，更需要創新的精神。

格言：

　變異和專業化是創造性策略的兩個主要支柱。

—— 塔威爾

從大處著眼，出奇創新

瑞士的旅店多如繁星，如果不獨闢蹊徑，出奇創新，要想生意興隆，真是難上加難。

貝爾飯店的總經理羅維，深深懂得這個商業訣竅，首創出空中浴池，結果轟動了旅遊界。

原來，羅維請電力建築部門在飯店旁的兩座山間，安裝離地近300公尺高的電纜，電纜上懸吊著一個個小型的浴池，用電纜

車將它們連結起來。使用時，操縱按鈕，小型的浴池隨電纜車上下飛馳。每個空中浴池可容三人，八個浴池一次可載客24人。

客人泡在深池中，一邊洗澡，一邊居高臨下地飽覽湖光山色。「抬首望紅日，低頭看青山」，使人產生了飄飄欲仙、人間天堂的無窮雅趣。難怪羅維這個絕招一問世，貝爾飯店幾乎天天客滿，就連附近的小旅舍、小飯店也沾了大光，生意興旺得很。

羅維首創空中浴池的成功，引起了同行和記者的濃厚興趣。他們紛紛追問他的經營訣竅。

羅維笑著回答：「其實這也不神祕。滿足人們的好奇心和提供最佳服務，本是服務產業兩個不可缺少的著眼點，它們的關係就像一枚錢幣的兩面，缺一不可。到我們飯店投宿的客人，如果既能舒舒服服地洗澡，又能領略到半空中飽覽山水風光的新奇刺激，那緊張工作的疲勞和煩惱就能煙消雲散，他們即使多花一點錢也是心甘情願的。」

感悟：

　　看清了自己所從事產業的本質，再從大處著眼，出奇創新，瞄準切入點，往往可以事半功倍。

格言：

　　求變創新是成功企業的必要條件。
　　　　　　　　　　　　　　—— 雷‧懷爾德（R. Wilde）

把握住時代的脈搏，不斷推陳出新

皮爾卡登（Pierre Cardin）最初不過是裁縫店裡的學徒，可他現在已是享有世界聲響的法國時裝大師。我們不妨看看他的成功經歷。

1950 年，皮爾卡登開始創辦自己的服裝店，一開始他也跟其他服裝店一樣販售平民化的服裝，所以服裝店生意平平。

1953 年，他對原來的服裝經營方式進行了開拓性的改革，以便使時裝普及到消費者身上。他把量體裁衣、個別訂做，改變成小批次生產成衣並不斷更新款式，使全世界的美麗女子有機會穿上他設計的時裝。

後來他又打破出色的服裝師只縫製女人服裝的傳統，開始縫製男裝。

他第一次舉辦了各式成衣展，雖然他被雇主聯合會除了名，但在不久之後，他就獲得了成功。

他直接從大學裡聘請時裝模特兒，以展示他設計的最新款式服裝。

他具有前瞻性地毅然摒棄了服裝業的明星制，把時裝店裡的大批成衣送往各大百貨公司去經銷。

皮爾卡登不顧許多法國人的勸阻，執意來到中國北京創辦服裝店。他用新款式服裝吸引了眾多中國消費者，他的成品在中國各地暢銷。

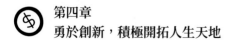

當人們詢問他的成功祕訣時，皮爾卡登說：「創新，先有設想，後付諸實現，又不斷進行自我懷疑，這就是我愛做的事情。」

感悟：

　　創新就是用敏銳的眼光，把握住時代的脈搏，不斷地推陳出新，以適應人們越來越高的需求。變則通，通則久。以不變應萬變，在商業上是絕對行不通的。

格言：

　　真正行銷是要使產品在變幻莫測與競爭激烈的市場中，年年都要推陳出新，從而保有其獨當一面的地位。

—— 雷・懷爾德

創新需要魄力，更需要克服阻力

　　美國鉅富亞默爾年少時，只是一名小農夫。17 歲那年，他受淘金熱影響，像許多人一樣，他歷盡千辛萬苦，加入了淘金者行列。

　　美國西部山谷裡氣候乾燥，水源奇缺，尋找金礦的人最感到痛苦的就是沒有水喝。他們一邊尋找金礦，一面罵：

「要是誰有一壺涼水，老子給他一塊金幣。」

「誰要是給我狂飲，老子給兩塊金幣。」

說者無意，聽者有心。在一片「渴望有水喝」的吼聲中，亞默爾心有靈犀一點通。於是，他退出淘金的「熱」潮，放棄挖金念頭，由挖黃金變為挖水渠。

亞默爾僱了幾個人挖水道，一鏟一鏟，他終於把河水引進了水池，經過細沙過濾，變成了清涼可口的飲用水。

一見亞默爾擔著水桶、提著水壺走來，那些唇乾舌燥的淘金者蜂擁而上，金幣一塊塊投入他的懷中。

有人嘲諷亞默爾：「我們跋山涉水是為了挖到金寶貝，你要是只為了賣水，何必到加州這個地方來呢？」

面臨冷嘲熱諷，亞默爾泰然處之。後來，許多淘金者相繼離去。亞默爾則以賣水奠定了發展基石。

數年後，亞默爾成了屈指可數的富翁。

感悟：

能在因循守舊中找出一條新路，這需要魄力，更需要有善於創新的思維。創新不是輕而易舉之事，要勇於面對責難，勇於衝破阻力，堅持下去，就會有所獲。

格言：

創造者所渴求的是成就超人的願望和射向他的箭。

—— 弗里德里希·尼采（Friedrich Nietzsche）

第五章
終身學習，把自己鍛造成精鋼

每一次學業的結束，正意味著新一次學習的開始

這是美國東部一所規模很大的大學畢業考試的最後一天。在一座教學樓前的階梯上，有一群機械系大四的學生，他們有幾個說自己已經找到了工作，其他人則在討論他們想得到的工作。懷抱著對四年大學教育的信心，他們覺得自己有能力征服外面的世界。

他們知道，即將進行的考試是輕而易舉的事情。教授說他們可以帶需要的教科書、參考書和筆記，只是考試時不能交頭接耳。他們喜氣洋洋地走進教室。教授把考卷發下來，學生見了都眉開眼笑，因為試卷上只有五個申論題。

三個小時過去了，教授開始收考卷。此時，學生們似乎不再有信心，臉上露出了不安的表情。教授端詳著眼前學生們擔憂的面孔，問道：「有誰把五個問題全答完了？」

沒有人舉手。

「有幾個答完了四題？」

仍舊沒有人舉手。

「三題？兩題？」

學生們在座位上不安起來。

「那麼一題呢？一定有人做完了一題吧？」

全班學生仍是沉默。

教授放下手中的考卷說：「這正是我預期的。我只是要加深你們的印象，即使已經完成四年學校教育，但仍舊有許多有關工程的問題是我們不知道的。這些我們不能回答的問題在日常生活中是非常普遍的。」

教授面帶微笑接著說：「這個科目我都會給你們及格。但要記住，雖然你們是大學畢業生，但你們的教育才剛剛開始。」

感悟：

　　大學畢業意味著一種學習的結束，同時也意味著另一種學習的開始。古人說「學無止境」，那種境界是高層次的。現代社會知識更新極快，如果不能不斷更新自己的知識，恐怕就難以保證起碼的生存。

要想立於不敗之地，就應該終身學習

　　瑞典是一個終身教育相當普及、也相當有成就的國家。瑞典的終身教育不但展現在廣泛和多樣的成人教育方面上，也反映在兒童和青少年的教育中。終身教育首先要保證兒童和青少年從小就熱愛學習和學會學習。中小學教育是為孩子們學會終身學習打基礎的教育，所謂「基礎」，不僅是知識和技能的基礎，更重要的是對學習的興趣和需要。瑞典的教師們相信：如

果兒童和青少年不喜歡老師或者對學校沒有興趣，這個老師和
學校就是失敗的！

瑞典成功的教育，使這個自然條件和資源都十分有限的小
國家成為了發達的國家，瑞典的人均收入名列世界前茅，擁有
大量傑出的科學家，還培養了若干諾貝爾獎得主。

國家提倡終身教育，個人更應該終身學習，彼得‧詹寧斯
（Peter Jennings）就是終身學習的典範。

年輕的彼得‧詹寧斯是美國 ABC 晚間新聞當紅主播，他雖
然大學都沒有畢業，但卻一直沒有放棄過學習，他把事業作為
自己的教育課堂。他當了三年主播後，毅然決定辭去人人羨慕
的主播職位，轉行做記者，到新聞第一線去磨練。

成為記者之後，詹寧斯在美國國內報導了許多不同地區的新
聞，並且成為美國電視網第一個常駐中東的特派員。後來他搬到
倫敦，成為歐洲地區的特派員。經過磨練之後，詹寧斯重又回到
了 ABC 主播臺的位置。此時，他已由一個初出茅廬的年輕人成
長為一名成熟穩健、知識廣博的記者、主播雙料的重量級人物。

感悟：

　　隨著知識、技能的折舊越來越快，社會時刻會把目光投
向那些掌握新技能、新知識的人。所以有專家說，未來職場
的競爭將不再是知識與專業技能的競爭，而是學習能力的競
爭。一個人如果善於學習，他的前途就會一片光明。

> **格言：**
>
> 人永遠是要學習的，死的時候，才是畢業的時候。

停止了學習，就意味著停止了進步

香港首富李嘉誠是一個喜歡學習的典範。他最大的遺憾是少年時因戰亂沒有完成學業，因此他決定做生意賺夠 100 萬後，就重新回學校念書。

但當他賺到 100 萬後，由於有了自己的企業，他作為老闆要對自己的員工負責，因而回學校念書的願望又沒有實現。他就只好利用業餘時間自學，這就使他養成了每天晚上都要看書的習慣。

為了不影響第二天工作，每次看書時，他都要設定鬧鐘。正是這種熱愛學習的態度，使李嘉誠成為了別人眼中的超人。廣泛的閱讀開闊了他的眼界，同時也使他了解到了更多更新的資訊。

他在經營塑膠工廠時，偶然發現美國研製出一種新的製造塑膠產品的機器，但要價兩萬美元。他買不起，就決定自行研製。他勤奮地學習相關知識，36 個小時不眠不休，最後成功地製作出了同樣效能的機器，但成本卻只有美國機器的十分之一。從此李嘉誠工廠的資產以每年至少十倍的速度增加。這是學習對他的回報。

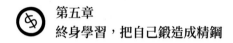
比爾蓋茲也是一個熱愛學習的榜樣。大學期間別人熱衷於談戀愛，他卻熱衷於電腦軟體和看財經相關書籍。學習使他擁有了豐富的知識，使他不僅在軟體方面有了獨特的貢獻，而且在企業管理上也創造了一套適合現代企業的方法，就是員工認股選擇權，讓主要員工獲得公司股票的權利。

正是由於採取了合理的管理制度，才有了「微軟創造了上百個億萬富翁」的說法。

感悟：

終身學習，才會終身進步；停止了學習，就意味著停止了進步。喜歡學習的人不一定能成功，但是不喜歡學習的人，肯定不能成功。一個人的人生和他的知識是成正比的。

格言：

書是人類進步的階梯。

—— 馬克西姆・高爾基（Maxim Gorky）

知識是真正的資本，是最可靠的財富

據說，猶太人是世界上最珍視知識的民族，這是他們苦難的民族經歷鍛造出的經驗。

西元 70 年，猶太人悲慘地失去國家，從此流落他鄉，過著漂泊動盪的生活。

他們深感自己是「沒有祖國的人」，一切財產有被隨時奪走的危險，只有知識和技能是「唯一要隨身攜帶，終身享用不盡的資產」。

有這樣一個傳說，猶太人在父親和老師一起被海盜抓走時，如果所有金錢只能贖回其中的一個，那他會先把老師救出來。

因為猶太人世代相傳的箴言就是「知識是最可靠的財富」。

世界銀行副行長瑞斯查德說，知識是比原料、資本、勞動力、匯率更重要的經濟因素。

感悟：

　　時代的列車飛速地前進著，它將把人類帶向何處？新一代的青少年，面對大浪淘沙似的知識經濟到來，又該如何自處？歷史已宣告：誰是知識的主人，誰就是世界和自我的主宰！處在新的資訊時代，我們必須提高學習能力，從而不斷吸納新知識，否則就會被時代拋棄。

格言：

　　在現代經濟中，知識正在成為真正的資本與首要的財富。
　　　　　　　　　　　　── 彼得‧杜拉克（Peter Drucker）

尺有所短，寸有所長

孔子乘著一輛馬車周遊列國。一天，他來到一個地方，見有個孩子用泥土圍了一座城，坐在裡面玩耍。

「你看見馬車過來為什麼不躲開呀？」孔子問孩子。

「從古到今，只有車子躲開城，哪有城躲車子的道理？」

孔子愣了一下，走下馬車，問道：「你叫什麼名字啊？」

「我叫項橐。」

「你的嘴很厲害，我想考考你什麼山上沒有石頭？什麼水裡沒有魚？什麼車沒有輪子……」

「您老人家聽著 —— 土山上沒有石頭；井水中沒有魚；用人抬的轎子沒有輪子……」孔子一連提了十幾個問題，都難不倒孩子。

孩子接著說：「現在輪到我來考您了……鵝和鴨為什麼能浮在水面上？鴻雁和仙鶴為什麼善於鳴叫？……」

孔子答：「鵝和鴨能浮在水面上，是因為腳是方的；鴻雁和仙鶴善於鳴叫，是因為牠們的脖子長……」

孩子忙說：「不對！魚鱉能浮在水面上，難道也是因為牠們的腳是方的嗎？青蛙善於鳴叫，牠們脖子也長嗎？……」

孔子佩服孩子知識淵博，連自己也辯不過他，只好拱手連聲說：「後生可畏！後生可畏！」說完，孔子就駕著車繞道走了。

感悟：

　　由以上事例可見，尺有所短，寸有所長，即使是博學的孔老夫子，也有不如一個小孩之處。只有不斷地學習才能彌補自身的不足，才能使我們豐富和深刻起來。成大事的人幾乎都是在工作中不斷學習，只有無知的人才會輕視學習。

格言：

　　即使是天才，在生下來的時候的第一聲啼哭，也和平常兒童一樣，絕不會就是一首好詩。

—— 魯迅

知識與技能，是致勝的關鍵

　　有一天，小黃鸝向小鳥們建議：「我們應該推選一位勇者當國王來領導大家，誰是鳥類中最偉大的，我們就選牠出來當國王！」

　　小鳥們都贊成這樣的提議。這時候，一心想做國王的孔雀先開口了：「各位，大家就選我做國王吧！我的羽毛是最美的！」

　　說著，孔雀就把牠那美麗的尾巴炫耀地展示了開來。

　　鸚鵡首先附和，牠說：「有這麼漂亮的鳥做我們的國王，是值得驕傲的一件事。我們就決定選孔雀為我們的國王！」

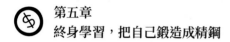

　　這時，麻雀卻不贊成地說：「不錯，孔雀是最美麗的。但是，像我們這麼弱小的動物，被人侵襲時，牠有什麼能力來保護我們呢？與其選一個美麗的國王，倒不如選擇一個在危險的時候能夠挺身救我們的國王吧！」

　　眾鳥聽了麻雀的話，都點頭贊成。

　　最後，大家經過投票，選出了強悍凶猛的老鷹為百鳥之王。

感悟：

　　有人指出：成功＝能力＋興趣＋性格＋價值觀。在公式中，能力居於第一位。在工作生涯中想要出人頭地，除了具備一般知識和能力外，專業知識與專業技能才是致勝的關鍵，至於學歷、文憑，只是美麗的外表。

格言：

　　一切才能都要靠知識來滋養，這樣才會有施展才能的力量。

—— 歌德（Goethe）

成大事者，要善於讀社會這本「無字之書」

俄羅斯文豪高爾基曾寫過自傳體作品《我的大學》（*My Universities*）。我們知道，這位大文豪只讀過幾個月的書，他把投身於「社會」認為是在上「大學」。

這個苦難的學徒工在「社會大學」裡做過廚工，賣過苦力，飽嘗了沙俄黑暗統治的辛酸。不過，他在流浪漂泊之中讀了很多「無字」的「活書」，學習到了很多知識。

高爾基在社會底層對自己的人生有了深刻認識，對自己的祖國有了深刻認識，也增強了他對俄羅斯社會濃厚的感情。他從窩瓦河碼頭的搬運工們那裡學到了勞動的習慣；從流放的政治犯那裡得到了精神上的鼓舞；從麵包師那裡學到的則是可貴的人生哲學。

從「社會大學」中讀「無字之書」所獲得的一切，為高爾基日後創作的「有字之書」提供了無限的泉源。這些，在高爾基的自傳體三部曲——《童年》（*My Childhood*）、《在人間》（*In the World*）、《我的大學》之中均有展現。

感悟：

　　社會生活是一部大書。成大事者要善於讀這本「無字之書」，參透人情世故，體悟成敗之理。人不僅要有較多的知識和豐富的閱歷，而且還要有將理論應用於實踐的能力，善於利用知識處理各種事情。

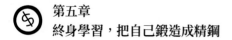
> 格言：
>
> 　　如果不肯學習便無法有成就。小時候學自父母，在學校時學自老師，就業以後向社會學習。學習之後，才能擁有自己的想法。
>
> 　　　　　　　　　　　　　　　　　　　　—— 松下幸之助

拋棄「讀書無用」論，積極充電

　　早在班傑明・富蘭克林（Benjamin Franklin）七歲時，他就開始自己讀書了，而且只花了一段不長的時間，他幾乎將父親書架上的書全都讀過了一遍。

　　由於家境困難，富蘭克林只好中途輟學，到哥哥詹姆士的印刷廠當了一名學徒，當時他年僅 12 歲。在此期間，富蘭克林結識了一名書店的學徒，他利用書店學徒的關係，晚上借出他所喜愛的書，第二天早上歸還。從此以後，他就開始夜夜苦讀。

　　小富蘭克林愛讀書的習慣遠近聞名。由於晚上讀書需要大量蠟燭，他就悄悄地請求夥伴們為他收集燒剩的蠟燭。後來夥伴們的家長知道了這件事，也主動為他收集一些，有時還送給他一整支。富蘭克林刻苦讀書的精神使大人和孩子們都非常敬佩，所以，大家都想方設法地幫助他。

　　俗話說得好：「學然後知不足。」富蘭克林讀的書越多，越

覺得自己知識上的貧乏，就越想到群書之中博覽一番。為了滿足讀到更多書的願望，富蘭克林召集了幾個愛好讀書的朋友，共同組成了一個讀書社團，取名為「講讀社」（Junto）。其成員都把自己的書拿出來，建立了一個小型圖書館，使每個成員都能讀到更多的書。

富蘭克林透過讀書的驚人力量，把自己從社會底層人士變身為美國歷史上最偉大的人物之一。

中國改革開放以來，不少低學歷人士創辦企業致了富，但這並不能展現問題的全部。

中國南方一家牙膏製造公司的生意本來很不錯，但自從2001 年寶僑和高露潔兩家公司推出了三元人民幣一支的牙膏以後，這個公司的市場占有率和利潤就都出現了下滑。公司老闆有些納悶：這些公司在廣告上花了那麼多錢，為什麼還能打得起價格戰？

帶著這樣的疑問，這位老闆報名參加了北京一所名校的MBA 研修課程。在此後的一年半時間，這位老闆每週都要飛去北京聽課，還要讀許多老師指定的書，寫作論文。畢業時，他的那些疑問大多數都解開了；而且更為重要的是，他學到了許多新的經營管理理念。

感悟：

　　在資訊時代，一個不讀書或者不願意讀書的人，會越來越窮，而讀書人則可以透過讀書而變得富有。當我們研究成

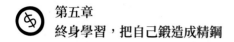

功人士的事蹟時，常常發現：他們的成功可以一路追溯到他們拿起書本的那一天。

格言：

　書籍是人類知識的總結，書籍是全世界的營養品。

—— 莎士比亞

刻苦努力，自學也能成大器

中國現代作家艾蕪早年生活比較困苦。

1925 年他離家漂泊，到處打零工。他從四川到緬甸，一路上都帶著書、紙、筆和一只用細麻繩扣著的墨水瓶。這個墨水瓶，平時就掛在脖子上。

休息時，他就在小旅舍的油燈下、樹蔭下、山坡上，把筆記本放在膝蓋上寫些見聞和感想，描寫見過的人，記下一些方言。

後來在一位老人的鼓勵下，艾蕪開始投稿。1927 年，他的一篇短篇小說〈老憨人〉在《仰光日報》上刊登。此後，他一發不可收拾，作品相繼發表。

同樣，聶耳也是刻苦自學才得以成大器的。

聶耳是一位傑出的音樂家，他既沒有進過專門的音樂學校，也未請過導師，卻在音樂上獲得成功，這是由於他具有堅

強的意志和刻苦自學的精神。

聶耳 19 歲時，踏入音樂之門，他立志要有所成就，全神貫注於音樂之中。沒有錢，沒有穩定的職業，沒有老師，在這樣的情況下，他依然苦練小提琴。除了吃飯、睡覺，他一天到晚都在練琴。

皇天不負苦心人。聶耳用了四個月的時間，琴技就有飛速的進步。

當他拉給老師聽時，老師不斷說好，一個外賓也稱讚說：「拉到這樣的水準需要三、四年功夫哩！」

感悟：

　　由於生活的原因，許多人沒有機會進入學校接受正規教育。但是有些人在進入職場後，不思進取，不去學習，也只能庸碌一生；有些人卻不然，透過刻苦自學，最終使自己超越凡人，終成大器。

格言：

　　有誰幫助我呢？我是靠自學的！

—— 列寧（Vladimir Lenin）

努力爭取進步，勤奮定能補拙

有個孩子一直對一個問題百思不解：為什麼他隔壁的同學總能考取第一，而自己想考第一卻才考了全班第 21 名？

回家後他問媽媽：「媽媽，我是不是比別人笨？我覺得我和他一樣聽老師的話，一樣認真地做作業，可是，為什麼我總比他落後？」

媽媽聽了兒子的話，感覺到兒子開始有自尊心了。她望著兒子，沒有回答，因為她一時還不知該怎樣回答。

又一次考試後，孩子考了第 17 名，而他的同學還是第一名。回家後，兒子又問了同樣的問題。她真想對兒子說，人的智商的確存在差別，考第一的人，腦子就是比一般人靈活。然而她沒說出口。因為她覺得說出這句話，就等於給兒子宣判了「死刑」，這樣會給兒子造成很大的傷害。

應該怎樣回答兒子的問題呢？有幾次，她真想重複那幾句被上萬個父母重複了上萬次的話——你太貪玩了；你在學習上還不夠勤奮；和別人比起來還不夠努力……來搪塞兒子。然而，她沒有這樣敷衍地回答兒子，她想為兒子的問題找到一個完美答案。

兒子小學畢業了，雖然他比過去更加刻苦，但依然沒趕上他的同學，不過與過去相比，他的成績一直在進步。為了鼓勵兒子的進步，她帶他去看了一次大海。

他們坐在沙灘上，欣賞著大海美麗的風景。當她看到海邊飛翔的鳥時，腦中頓時浮現了一個完美的答案。於是她指著前面對兒子說：「你看那些在海邊爭食的鳥，當海浪打來的時候，小灰雀總能迅速地起飛，牠們拍打兩三下翅膀就升入了天空；而海鷗總顯得非常笨拙，牠們從沙灘飛入天空總要很長時間，然而，真正能飛越大海、橫過大洋的還是牠們。」

後來，這個孩子以全校第一名的成績考入了清華大學。

寒假歸來時，母校請他給同學及家長們發表一段演說。他講了小時候這段經歷。這個演說使很多母親流下了眼淚，其中包括他自己的母親。

感悟：

　　人的智商是有一定差異的，但是一個人的聰明與否並不是獲得成功的先決條件。天道酬勤，勤能補拙。一個人不管有多麼愚笨，只要能勤奮努力，在人生的道路上不斷地邁出一個個堅實的步伐，最終就一定能達到成功的目標。

格言：

　　勤學補拙是良訓，一分辛苦一分才。

—— 華羅庚

不要把學習當作一件苦差事，應該培養自己的興趣

小譚和小覃是同一家公司的職員。她們所在的公司從事顧問業務，對員工的工作要求相當高。這種情況使她們感受到了壓力，於是兩人不約而同地開始了國家考試的學習，而且都選擇了原來的主修進修：小譚學中文，小覃學英文。

對於國考的學生來說，有一些課程是比較乏味的，而這些課程對於喜好文學、以直覺式思考見長的小譚和小覃來說，學起來著實不易。

小覃以此為苦，總是在快要考試的時候才報名課程聽老師講解，買本複習資料背誦，只要 60 分及格就行，可是連考了三次都未通過。

小譚第一次也沒有通過。事後，她仔細想了想：如果老是以一種應付了事的態度，恐怕很難考過，不如認真地深入鑽研，雖然多花了些時間，但所學也未必就毫無用處。

就這樣，她不僅研讀了指定教材，還讀了幾本參考書，平時碰到報刊上相關的文章，也分外留意，時間允許就盡可能讀一讀。

碰巧公司裡成立讀書會，小譚特意從她這個並不太熟悉的領域入手，挑選了幾本書。結果，她的讀書報告贏得了大家的好評，行政部門負責人對她也頗為讚賞。此後，小譚對這門功

課的興趣有增無減。

第二次，小譚順利地通過了考試。

感悟：

如果讀書僅僅是為了應付老師和家長、應付公司和老闆，很不幸，那確實是一件苦差事。有些事情是我們人生成長過程中不能不完成的課題，不管願意不願意；既然知曉這些，我們又為什麼不能把讀書、學習變得快樂一些呢？

格言：

讀書是唯一的娛樂，我從不把時間浪費在酒店、賭博或任何一種惡劣的遊戲上……。

—— 班傑明·富蘭克林

每天合理利用一小時，將會有意外收穫

美國一家很大的化妝品公司負責人，見兒子在大學獲得了神學優等生的榮譽，十分高興。可是漸漸地，父親發現與兒子不再有共同語言了，因為他已經沒有能力理解兒子的思想。這使他日益焦慮不安起來。雖然當父親的對神學也很感興趣，但畢竟從未認真系統地學過這門課。為此，他在每天午飯後開始

擠出一小時，把自己關在辦公室裡攻讀宗教方面的書籍。

起初，同事們認為他很古怪，在做傻事。但不久，他們對這位父親的學習計畫改變了看法。由於對宗教學的研究，使他涉及了人類學、社會學和其他一些科學領域。這不僅解決了他和兒子交流的問題，而且成就了他的另一份事業：他常被邀請到各地演講，他的演講與文章對不同宗教信仰間人們的相互了解做出了貢獻。

作為當今世界上最大的化學公司 —— 杜邦公司（DuPont）的總裁來說，其公務之繁忙、時間之緊迫是可想而知的，但克勞佛・格雷華爾特（Crawford Greenewalt）卻在他的業餘研究中取得了傑出的成就。這位大公司的總裁研究的是世界上最小的鳥 —— 蜂鳥。

格雷華爾特每天抽出一小時來研究牠，鑽研相關的研究成果，用專門的裝置給蜂鳥拍照。他的研究成果發表以後，權威人士把他的著作稱為自然歷史叢書中的傑作。

尼古拉・格里斯多費羅斯是一位在美國工作的希臘籍電梯維修工。尼古拉對現代科學很感興趣，他每天下班後到晚飯前，總要花一小時攻讀核物理學方面的書籍。隨著知識的累積，一個念頭閃入他的腦海。1948 年，他提出了建立一種新型粒子加速器的計畫。這種加速器比當時其他類型的加速器造價便宜而且更強而有力。他把計畫遞交給美國原子能委員會做試驗，又多次改良，最終，這臺加速器為美國節省了 7,000 萬美元。格里

斯多費羅斯得到了 1 萬美元的獎勵，還被聘請到加州大學放射實驗室工作。

感悟：

　　一小時，它能做什麼？喝杯咖啡，小睡一會，甚至走個神，一小時就悄然溜過了。沒有幾個人會認為一小時是一段很長的時間，更沒有什麼人會相信利用一小時能獲得成功。而事實卻是，很多人能在成功的同時，在個人愛好上也有所收穫。原因正是：他們知道每天合理利用一小時。

格言：

　　時間是由分秒積成的，善於利用零星時間的人，才會做出更大的成績來。

—— 華羅庚

資訊時代，讀書需要自律

　　年屆 89 歲高齡的彼得‧杜拉克比許多 25 歲的年輕人更活躍。作為幾家世界 500 強大企業，如索尼、通用汽車公司的總裁特別顧問，他經常周遊世界；此外，他還在寫書。至今他已出版了 29 部專著，大多數都成為暢銷書。儘管很忙，他每天仍然擠出三到

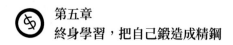

五個小時讀書，涉獵的領域極廣。這是他在年輕時養成的習慣。

「每隔幾年，我就選擇一個新的主題，每日攻讀，連續三年。」杜拉克率直地說，

「那樣雖不能使我成為專家，可是足以使我基本了解那個領域。我這麼做已經 60 年了。」

只要簡單地推算一下，我們就知道杜拉克先生在 20 個不同領域都擁有極淵博的知識，從經濟、英國文學到中國古代史等。杜拉克是「知識工人」的縮影。他用這個詞創造性地描述了新經濟中最有價值的資源 —— 腦力資源。

「你的知識和你的經驗都是你的新財富。」杜拉克解釋道：「那屬於你，不屬於你的公司。當你離開一個組織，你就帶走了那份財富。」

感悟：

在我們這個新知識經濟時代，假如你沒有學會如何學習，你就會舉步維艱。懂得如何學習，一半靠好奇心，另一半靠自律。杜拉克的一生證明，保持讀書的自律，在資訊時代將會得到最好的回饋。

格言：

學習這件事不在於沒有人教你，最重要的是在於你自己有沒有覺悟和恆心。

—— 法布爾（Jean-Henri Fabre）

不上大學，照樣成功

曾清明是中國湖南山區的一個青年，大學考試落榜後於1997年隻身來到舉目無親的深圳打工。

幾經波折，曾清明終於找到了一份工作：做一名油漆工。

上班第一天，曾清明就被油漆種類弄得頭暈，在家鄉只用過調合漆的他第一次明白世界上有這麼多種類的油漆。公司剛剛成立，對這方面大家都沒有什麼經驗，漆面起泡、泛白、刷痕明顯等問題經常出現，影響品質，延誤工期，大家辛苦多時還賺不到多少錢。怎麼辦呢？曾清明日夜思考，最後想到了求助於書本。

第二天一下班，他就奔到書店，花了37元買了一本《油漆施工疑難解答1,000問》，這意味著他一週的生活費沒有了。但是他驚奇地發現，他們所遇到的問題，書裡都有解決方法。他邊看書邊實驗，終於在短短一週內解決了一個個技術難題。透過努力不懈，曾清明慢慢地成為了這方面的專家。

1999年，他縮衣節食存了幾百元，報名補習班學會了電腦操作。機遇總是給有準備的人，學完電腦沒多久，公司要調派一個人到辦公室工作，有一個前提就是會電腦操作，曾清明順利入選。

在這裡，他被任命為業務代表。但很長時間沒有簽到客戶。他反思原因，認為自己存在諸多不足：不善於與人交流、知識匱乏等都是致命弱點，使自己不能很快掌握客戶的心理。

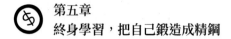
　　問題找到了，曾清明決心一個個克服。他開始了一個月的「惡補」，社交禮儀、演講口才、顧客心理、行銷策略等各方面的書堆滿了床頭，而他也重新拾起荒廢多年的文學知識。「惡補」收到奇效，在隨後的五個月時間裡，曾清明簽下了近四百萬的訂單，名列公司第一名。

　　因為在每個職位都能煥發異彩，曾清明逐漸受到重用，職涯進入平穩發展期。先後擔任工程監理、工程部經理、客服中心總監等職務，開始讀《現代人力資源管理》之類的管理學書籍。同時，他開始為公司員工編寫培訓教材。

感悟：

　　學歷的高低並不代表個人能力，現在的社會更青睞能力好的人。上大學不是唯一成才的途徑，只要肯努力鑽研，靠自學也能成才，也可以通往成功的彼岸。

格言：

　　自學的人在讀書收穫和成功方面往往能超過受過專門教育的人，是因為他們目的明確，願望強烈，深知自己要研究什麼，要讀哪些書。

—— 諾·彼特

利用休息時間思考，提高學習效率

　　休息可以使人有時間停下來思考如何提高學習和工作效率，如何解決學習和工作中的難題，這個道理很多人都知道。

　　有一位著名教授帶了一個學生，這位學生學習勤奮，每天都關在實驗室裡操作儀器做實驗。

　　有一次教授找來這位同學，問他：「你清晨在做什麼？」

　　「我在做實驗。」

　　「那麼你上午在做什麼？」

　　「也在做實驗。」

　　「那下午呢？」

　　「我也在做實驗。」

　　「晚上呢？」

　　「我一直做到 12 點鐘，然後上床睡覺，第二天早晨 5 點立即爬起來做實驗……」

　　教授問他：「那麼你什麼時候在思考呢？」

　　教授一句話提醒了學生：如果沒有時間來休息、思考問題，實驗來實驗去，一大堆實驗數據終歸沒有什麼用。

　　在這之後，這位學生增加了休息思考的時間，不再一味地做實驗，大大提升他的學習效率。天才加上勤奮，使這位學生後來成就極高。他就是大名鼎鼎的化學家拉瓦節（Antoine Laurent de Lavoisier）。

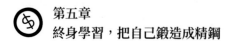
一位日本企業家在二戰後看到美國的工作方式也十分震驚，同時他也對自己的民族做了深刻反省：

「日本人的勤勞可以說是世界第一，正因為如此，反而忽略了運用智慧，忽略了如何使工作做得更輕鬆愉快。」

> 感悟：
>
> 　　思考是學習和工作的一部分，唯有知道思考的人，才能更高效地學習和工作。反之，一個人如果連續長時間學習和工作，那他只能在疲憊狀態下工作，沒有時間思考，又哪來效率呢？

> 格言：
>
> 　　問訊是知之本，思考是知之道。
>
> 　　　　　　　　　　　　　　　　　　　　── 諺語

面對批評，可以換一個角度看

作家秬鴻先生在中國上海讀中學時，有一次國文老師出了一篇名為「上海一角」的命題作文。

秬鴻立即想起曾在虞洽卿路（今西藏路）與某路交界處，見過一個舉行齋醮活動的場面，在 1930 年代，這種歌舞昇平景

象與日本侵略者侵占上海後的凶惡氣勢形成了強烈的反差。嵇鴻對此感觸頗深，他只覺得有千言萬語在腦子裡奔騰。他以此為題材提筆寫作，在紙上展現了一幅人鬼共舞的畫面。

哪知作文發下來後，見到老師的評語竟是：「是否出自本人之手？」當看到這句評語後，嵇鴻的心裡十分平靜。他「波瀾不驚」，甚至還「喜出望外」。

這是為什麼呢？

原來他是這樣想的：先生既然懷疑我抄襲，正表示自己的作文已「非同尋常」。從此他信心大增，後來，終於走入文壇和講壇。

同樣是這句「是否出自本人之手」，換了旁人也許會使他們像被什麼刺了一樣，一跳三丈高，甚至從此對學習採取冷淡、敷衍的態度，自身的潛能也就因此而得不到有效開發和釋放。而嵇鴻先生正是因為善於辯證地看問題，才能夠「冷話熱聽」、「辣話甜聽」，從中得到激勵，因此終身受益，成了作家、教授。

感悟：

在生活中，被人誤解或受點委屈是常有的事，如果此時我們不要急於剖白自己，而是換個角度來分析，把它看作提升自己的階梯，那麼取得更大的進步是有可能的。

格言：

　　客觀的批評能使人受益，不那麼客觀的批評也未必真能傷害到你。

　　　　　　　　　　　　　　　　　　　── 汪國真

對於學習，任何時候都猶未為晚

　　英語補習班新一期開始報名時，來了一位老人。

　　「給孩子報名？」登記小姐問。

　　「不，自己。」老人回答。

　　小姐愕然。老人解釋說：「兒子在美國找了個老婆，他們每次回來說話嘰哩咕嚕，我聽著著急。我想要能夠跟他們交流。」

　　「您今年高壽？」小姐問。

　　「68 歲。」

　　「您想聽懂他們的話，最少要學兩年。可兩年以後您都 70 歲了！」

　　老人笑吟吟地反問道：「小姐，妳以為我如果不學，兩年以後就是 66 歲嗎？」

　　無獨有偶，有一位老人 96 歲了，還不覺得自己太老，依然要去嘗試新事物。

　　瑞士有個 96 歲的老人馬德祖・博雷爾，自從在電視機上看到了熱氣球、滑翔翼和飛行傘後，她就常在家人面前念叨，說自己非常想試試。家人起先以為她在開玩笑，但後來禁不住老人多次軟硬兼施，終於答應讓她玩一次飛行傘作為送她的生日禮物。

　　這一天，馬德祖・博雷爾興致勃勃地在家人和醫生的陪同下出發了。她的醫生還是有些擔心，因為起飛點高達海拔 1,450 公尺，而一般來說，這個年紀的老人爬高不應超過海拔 1,200 公尺。可是，老人不但沒有不適反應，還爬了一段汽車不能行駛的山路。路邊休息的遊客給她讓座，她卻回答說：「我今天不是來坐的，是來飛的。」她戴上頭盔，穿上裝備，臉上沒有半點膽怯。陪她飛行的兩位助手在斜坡上助跑了十來公尺，飛行傘就起飛了……

　　20 分鐘後，馬德祖・博雷爾降落在日內瓦湖畔的小鎮維爾納夫。她興奮異常地對跑來迎接她的家人說：「真是棒極了！太漂亮了！我像鳥一樣自由飛翔，從空中看到了我熟悉的城堡、湖心島和湖底的水草，只是時間太短了！」

感悟：

　　「晚了！晚了……」如果你反覆地念這兩個字，那麼你將發現迴響在自己耳邊的是這兩個字：「完了！完了……」那麼你的人生也就真的完了：你失去了拯救自己的希望，你將讓時光白白流逝。

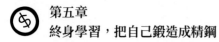

第五章
終身學習，把自己鍛造成精鋼

格言：

　　只要肯學，永遠不嫌晚。

—— 諺語

第六章

沐浴挫折的風雨，笑看成功的彩虹

有勇氣付諸行動，任何想法都有實現可能

很多年以前，她作為兩個小男孩的媽媽，與丈夫決定搬家到新南威爾斯州北部的一個小鄉村去。

村子靠近一條鐵路，是一個重要的小麥產區。在收穫季節，伴隨著一輛輛卡車將小麥源源不斷地運到一個個巨大的糧倉，整個村子都活絡起來。但在一年中的其他季節，村子則非常安靜。村民的主要活動無非是圍繞著只有兩名教師的小學校、當地的紀念堂以及幾個體育設施而展開。

她們家的房子很舒適，有一個美麗的花園。但村子本身卻慘不忍睹，陳舊的農機具到處亂放，各類垃圾隨處可見，給人的整體印象是這裡的人們不在乎環境整潔。

這種狀況使她憂慮了相當長一段時間。直到有一天，她突然靈機一動：舉辦一次全村的大掃除。

她與丈夫通知每一個村民，大掃除定於某個星期六上午開始，並要求人們參加時盡可能多帶上卡車和拖拉機。

那天上午，一個念頭掠過她的腦海：也許會沒有人前來參加。然而完全出乎預料的是，村子裡幾乎所有的人都來了——男人、女人、孩子和狗。他們還帶來了各種機械用具。

人們從村子的一頭開始打掃。掃除大隊所經之處，一卡車一卡車的垃圾被清運出去。經過星期六一整天又加上星期日幾個鐘頭的打掃之後，整個村子煥然一新，甚至連一個隨意丟棄

的瓶子都看不見了。

從那天起，村中的每個人似乎都對他們的村子增加了一份自豪感，村民的自尊心起了奇妙的變化。

感悟：

不要害怕失敗，只要有勇氣把自己的想法付諸行動，任何事情都是可能的。而在達到預定目標之後，你會發現，當初的擔心都是那麼的多餘。

格言：

只要是行為正當，那麼勇氣會使你獲得一切。

—— 貝多芬（Ludwig van Beethoven）

突破心理障礙，你將邁出成功的第一步

在從事推銷的第一年，由於收入太低，弗蘭克不得不再做一份工作，給斯古斯摩學院的棒球隊當教練。

一天，弗蘭克接到賓州切斯特基督教青年會的一份請柬，邀請他參加他們舉行的一個名為「清潔語言、清潔體育活動」的演講會，並要求他上臺演講。他知道這個演講活動相當重要，他無法推辭。可是弗蘭克知道自己並沒有在大庭廣眾之下

演講的勇氣，他有時連對一個陌生人說話也感到羞怯。這種性格在很多情況下阻礙了他在生意場上獲得成功。

第二天，弗蘭克來到費城的基督教青年會，參加了公開演講培訓班。老師帶著他來到一間教室。

弗蘭克在後面坐下。他看見一個人站起來演講，他太緊張了。也正是他緊張的樣子鼓舞了弗蘭克的勇氣，心想：「可別像他那樣，我的演講一定要聲音洪亮、流利。」

過了一會，那個評論前一個演講的人走了回來，老師把弗蘭克介紹給他。這時弗蘭克知道了他的名字，戴爾·卡內基（Dale Carnegie）。

弗蘭克對他說：「我想參加這個培訓班。」

他回答道：「這個培訓班的課程已過半了。」

弗蘭克說：「不，我現在就要參加。」

卡內基先生笑了笑，握住弗蘭克的手說：「好吧！下一個就由你來講。」

毫無疑問，弗蘭克緊張得要命，不過他還是想告訴大家，自己為什麼來此地，可是緊張的情緒讓他連一句「你好」都說不出來。後來弗蘭克參加了一系列的培訓，還參與了每週的例會。

兩個月後，弗蘭克去切斯特的基督教青年會做了一次演講。此時，他可以輕鬆地對聽眾講述自己的個人經歷了。他講了自己在棒球隊的經歷，如何從重要的聯賽中退出，甚至還講了在球隊時他的室友米勒·霍金斯的事情。整個演講差不多進行

了一個半小時，事後二、三十個聽眾都跑上前來與他握手，告訴弗蘭克他們非常感動，甚至使弗蘭克對自己的演講成效卓著感到震驚。

感悟：

　　透過突破原有的障礙，人們會發現自己身上巨大的潛能。是的，我們沒有必要膽怯，不自信只能讓我們一事無成。記住，克服膽怯將會使你成功地邁出第一步。

格言：

　　膽怯是最大的危險。

—— 弗里德里希·席勒

萬事開頭難，第一個果子都是酸的

　　俄國作家伊萬·克雷洛夫（Ivan Krylov）一生著作頗豐，他的美名享譽全世界。可是出身貧寒的克雷洛夫，在成名之前也歷經了許多挫折。

　　有一次，一個青年農民向克雷洛夫出售水果：

　　「先生，請買個水果吧！這籮筐裡的水果有點酸，因為我第一次學種果樹。」

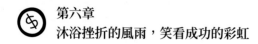
　　「你可真是個誠實的人。」克雷洛夫讚許地說：「那我就買
幾個吧！不過年輕人，別灰心，以後你會收穫甜果實的。因為
我的第一個果實也是酸的。」

　　「你也種過果樹？」

　　「我的第一個『果實』是《用咖啡渣占卜的女人》。可是
這個劇本沒有一個劇院願意上演。它至今還擱在我的書桌裡。」
克雷洛夫幽默地說。

感悟：

　　萬事開頭難，最初的失敗並不可怕。只要我們有信心堅
持下去，努力學習，不斷進步，避免重蹈覆轍，最終都會收
穫甘甜的成功之果。

格言：

　　在人生的早期，經歷一些失敗，有著極大的實際好處。
　　　　　　　　—— 湯瑪斯·亨利·赫胥黎（Thomas Henry Huxley）

沒有永遠平靜的大海，挫折是前進路上的試金石

遍布世界的迪士尼樂園以及迪士尼系列卡通，不僅是孩子們的最愛，就連成人也有不少人痴迷。而迪士尼王國創始人華特·迪士尼（Walt Disney）卻曾經有過流落街頭的經歷。

華特·迪士尼年輕時想當一名藝術家，於是就到當地的《明星報社》去應徵。然而，報社主編說迪士尼的作品「沒有思想」，拒絕了他。這令迪士尼萬分沮喪，因為他身上已經沒有錢了，於是他不得不流落街頭。

不久，迪士尼臨時找到一個在學校教學作畫的工作，但報酬少得可憐，僅夠勉強度日。迪士尼借用學校的廢棄車庫作為辦公室，辛勤地工作著。在艱難的生活中，迪士尼依然不忘自己的夢想，把空餘時間全都用在了繪畫上。

後來，迪士尼去好萊塢攝製一部卡通。然而等待他的依然是失敗。他又一次變得一無所有──既沒金錢，也沒職業。但這一切的窮困潦倒並沒有使他氣餒。他仍然堅持著自己的創作。

後來，迪士尼畫了一幅米老鼠的卡通畫，鼓起勇氣拿給好萊塢的一位導演看。導演看後大為驚奇，就錄用了他。從此，米老鼠成為世界上家喻戶曉的卡通動物，迪士尼也從此開始了自己輝煌的事業之路。

第六章

沐浴挫折的風雨，笑看成功的彩虹

感悟：

　　「不經歷風雨，怎麼見彩虹，沒有人能隨隨便便成功。」

正如這句歌詞所唱，挫折是我們前進路上的試金石，只有那

些勇敢面對挫折，並以必勝信念去戰勝挫折的人，才是真正

的強者。

格言：

　　在平靜的水裡，上帝會保佑我；在驚濤駭浪裡，我只能

依靠自己。

—— 喬治‧赫伯特（George Herbert）

苦難對強者是財富，對弱者是萬丈深淵

　　傑米是一個破產的馬達廠經理，在法院通知他聽候破產判決的那天，太太帶著兒子與他離婚了……

　　但是，傑米並沒有被這種失敗擊倒。破產之後他沒有了房子，沒有了汽車，沒有了妻子和孩子，沒有了維持正常生活的一切。為此，他非常痛苦……

　　傑米需要去重新找一個能睡覺的地方！起初他不肯低就，最後還是睡在地鐵的車站入口旁，從此在雪梨市又多了一位只能坐著「睡」在地鐵入口處的男人。

面對這些現實，傑米選擇了一條路：撿破爛維生！他每天背一大袋的可樂空瓶去賣，並且每天都要總結一天的成功之處，分析失敗之處。久而久之，他養成了一種很好的工作模式，而且一直保持到現在！

今天的傑米已成為澳洲首富之一的工業鉅子、JAAT 集團公司的第一把交椅。令人驚奇的是，他創業所用的資金就是他撿破爛換回的 2,700 澳幣，而今天他已是約有 58 億美元個人存款的富翁。

傑米說：「回顧我的成功，如果沒有那一次破產的打擊，我是絕不會意識到那些決定我成功的因素，例如怎樣面對打擊和痛苦，怎樣用痛苦與失敗激勵我確定奮鬥的目標，怎樣看待每一分錢，怎樣很好、很有效地利用每一分錢，我需要加強什麼等等。」

感悟：

　　困難從來不會讓一個人保持原樣，它總會改變一些什麼。改變無非是兩個方向，一個正面，一個負面。有些人在困難面前退縮了，其結果只能是一事無成或小有成就；有些人迎難而上，化困難為動力、機遇，走向了進一步的輝煌。

格言：

　　苦難對於天才是一塊墊腳石，對能幹的人是一筆財富，對弱者是一個萬丈深淵。

—— 巴爾札克

在逆境中不屈不撓地奮鬥，終會有所成就

羅丹對雕塑十分著迷，在他的老師勒科克的鼓勵下，他到雕塑室進行訓練。

羅丹家境貧寒，他常常食不果腹，疲憊不堪，午飯總是在路上邊走邊隨便吃點東西。但羅丹心裡很明白，不管怎麼樣，總不能半途而廢。他每天從巴黎的這一頭趕到另一頭，對這座城市的街道、廣場、花園、大橋和古代建築，還有著名的塞納河兩岸的大道，他都滿懷深情，瞭如指掌。他隨身攜帶的小本子畫了成千上萬幅寫生。他沒有休息日，星期六晚上關在家裡根據記憶畫下想要雕塑的人物草圖，星期天則整天在家用黏土進行創作。

三年過去了。在老師勒科克同意並得到另一位雕塑家的推薦後，羅丹信心十足地去參加美術學院的考試。他以希臘風格進行創作，塑像完成後，他看到在場所有考生都露出了妒忌的眼光；但主考官還是給了個「落選」的評語，並在他的名字後寫上：「此生毫無才能，繼續報考，純粹浪費時間。」

羅丹猶如五雷轟頂，淚眼模糊，踉踉蹌蹌地走出了考場。一位學畫的朋友告訴他：「你是個天才的雕塑家，但因為你是勒科克的得意門生，所以他們囿於門戶之見，永遠也不會錄取你。」

　　為了餬口，羅丹只得先找到一份做建築物裝飾的工作。不久，一直支持他做雕塑而被男友拋棄去修道院當修女的二姊不幸病逝。羅丹痛不欲生，在一個冬日的雨夜，背著勒科克獨自到修道院。他覺得自己對二姊的死負有責任，必須贖罪，所以決定去修道院頂替二姊的位置。

　　一年後，羅丹結束了修士生活，重新回到老師身邊。勒科克又驚又喜，讓羅丹使用自己那視若生命的工作室。

　　經過這麼多磨難後，羅丹終於下定決心：不管今後遇到什麼挫折，一輩子再也不猶豫動搖，一定要取得事業上巨大的成功。羅丹相繼雕刻出了《思想者》、《吻》、《巴爾札克》等許多無與倫比的藝術精品，最終成為雕塑藝術大師。

感悟：

　　真正的強者，不畏任何艱難險阻，他們不屈不撓，百折不回，直到抵達勝利的彼岸。逆境最能錘鍊和磨礪人的品格，往往正是這些逆境，激發起我們的勇氣與鬥志，使我們得到能力的提高和思想的昇華。

格言：

　　泰然自若是應付逆境的最好辦法。

　　　　　　　　　　　　　　—— 普勞圖斯（Plautus）

正是因為不斷奮進，失敗才成為成功之母

金氏世界紀錄保險銷售冠軍、日本的柴田和子一個人的業績，可以抵上日本 800 多個保險業務員的業績總和。

她每天的工作就是一直不停地見顧客、拜訪顧客、銷售保單，然後還是見顧客，拜訪、再拜訪。

一位記者在公司問某一位業務員明天安排了幾個會面，他說兩個；記者又問柴田和子安排了幾個，她說 7 個，大約每小時一個。記者問她怎麼安排這麼多會面？柴田和子說是自己一下午打了 58 個電話約下來的。

58 個電話約成了 7 個會面，這意味著 51 次被拒絕。與此相彷，英國文學家約翰·克里西（John Creasey）的成功之路也歷經失敗和拒絕。

約翰·克里西年輕時就對文學有著濃厚的興趣。35 歲時，他開始了寫作生涯，不斷地向出版社和文學報刊投寄稿件。全國的出版部門很少有被他漏寄的，但他得到的結果卻是 743 封退稿信。

這可不是一個小數目，應該說對任何人都是一個不小的打擊。但是，充滿信心的克里西並沒有被退稿信嚇倒，他仍然一如既往地埋頭苦讀，筆耕不輟。

克里西從退稿信中汲取力量。他說：「不錯，我正在承受人們所不敢相信的大量失敗的考驗。如果我就此罷休，所有的退

稿信就會變得毫無意義；而我一旦獲得了成功，每一封退稿信
的價值全部要重新計算。」

　　就這樣，這位勤奮和充滿信心的作家不斷地寫作、投稿，
直到最終得到編輯們的認可，成為一名著名作家。

感悟：

　　「失敗是成功之母」這句話絕不是失敗者堂而皇之的自我安
慰，而是攀登者奮進的基石和加油站，是成功的催化劑。每一
次失敗，都是通往成功的一個腳步，都是對自己的一次錘鍊。

格言：

　　成功者與失敗者之間的區別，常在於成功者能由錯誤中
獲益，並以不同的方式再嘗試。

——戴爾・卡內基

溜冰健將的成功真經，就是跌倒了再爬起來

　　在拿破崙帝國時期，法國與歐洲發生了連綿數年的大規模
戰爭，拿破崙大軍橫掃整個歐洲戰場，迫使其餘歐洲國家結
成歐洲同盟，共同對付拿破崙。當時，指揮同盟軍的是威靈頓
將軍。

　　威靈頓指揮的同盟大軍在拿破崙面前一敗再敗。在一次大決戰中，同盟軍再次遭受慘重的失敗。威靈頓殺出一條血路，率領小股軍隊衝破包圍，逃到一個山莊。在那裡，威靈頓疲憊不堪，想到今天的慘敗，頓時悲從中來，想自殺一死了之。

　　正在愁容滿面、痛恨不已時，威靈頓發現牆角有一隻蜘蛛在結網。也許是因為蛛絲太柔嫩，剛剛拉到牆角一邊的蛛絲，經風一吹便斷了。蜘蛛又重新忙了起來，但新的網還是沒有結成。

　　威靈頓望著這隻失敗的蜘蛛，不禁又想起自己的失敗，更加唏噓不已，多了幾分悲涼。但蜘蛛並沒有放棄，牠又開始了第三次。威靈頓靜靜地看著，心想：蜘蛛啊，別費心思了，你是不會成功的。蜘蛛這次的努力依然以失敗而告終，但牠絲毫沒有放棄的意思，又開始了新一輪的忙碌。牠就這樣來回忙碌著。

　　蜘蛛已經失敗六次。「該放棄了吧？」威靈頓感動地想。但是蜘蛛沒有，牠仍舊在原處，不慌不忙地吐出絲，然後爬向另一頭。第七次，蜘蛛網終於結成了！小蜘蛛像國王一樣護著牠的網。

　　威靈頓看到這一切，不禁流下了熱淚，他為蜘蛛越挫越勇、永不放棄的精神而深深地感動了。他朝蜘蛛深深地鞠了一躬，迅速地走了出去。

　　威靈頓走出了悲痛與失敗的陰影。他奮勇而起，激勵士氣，迅速集結被沖垮的部隊，終於在滑鐵盧一戰大敗拿破崙，取得了決定性的勝利。

感悟：

　　每一次失敗與挫折都會使一個勇敢的人更加堅定。如果沒有跌倒的刺激，我們或許會甘做一個平庸的人。有時候，失敗會讓人發憤圖強。經歷了失敗的痛苦，我們才找到了真正的自我，感受到了自己真正的力量。

格言：

　　如果你問一個善於溜冰的人怎樣獲得成功，他會告訴你說，跌倒了爬起來，這就是成功。

—— 牛頓（Isaac Newton）

只有百折不撓的打拚，才能等到成功的一刻

　　在美國西部大開發時，淘金之風日盛。不甘寂寞、夢想發財的達比也迷上了「淘金熱」，隻身跑到西部去挖金礦，好實現他的發財夢。

　　努力奮鬥好幾個星期後，達比發現了亮晃晃的金砂，頗有收穫。但他沒有機器把礦砂弄上地面，便不聲不響埋了礦，回到他的家鄉馬里蘭州的威廉斯堡，把房子、莊園抵押給銀行，貸款買了機器運到礦場。

　　挖出來的第一車礦石送到冶金場提煉後，證明達比挖到的

是科羅拉多最豐富的礦藏之一。再多挖上幾車礦，他就可以清償債務，之後進帳就可以使他大發其財了。

挖金的礦鑽往下鑽，送上來的是達比的希望！但是大事卻不妙了，礦脈突然間蹤跡盡失。達比不停地鑽，拚死拚活想重拾礦脈，結果卻徒勞無功。

最後，達比就此「罷休」。他把器材以區區數百元的價格賣給了一位舊貨商，然後搭火車回家，又回到了他的從前。

接手金礦的舊貨商邀請了一位採礦工程師去看礦坑，做實地的地質測量。結果發現原計畫之所以失敗，是因為礦主不熟悉「斷層帶」所致。據工程師推斷，礦脈就在「達比罷手處的下方三英尺」。

經過挖掘，礦脈果真就不偏不倚地在地下三英尺處露臉了。

舊貨商從此財富滾滾而來，成為億萬富豪。

感悟：

　　在對夢想的追求中，不僅需要耐心的等待、不懈的奮鬥、百折不撓的打拚，還需要我們對自己的信念堅信不已，不能發生絲毫的動搖。只有如此，我們才能堅持到成功的那一刻。

格言：

　　羅馬並非一日造成，成功亦非一蹴而就。

—— 雷·懷爾德

成功不是偶然的，它需要我們艱辛地付出

海斯‧瓊斯（Hayes Jones）是 1960 年跨欄比賽的風雲人物，他贏得一場又一場的比賽，打破了許多紀錄，轟動一時。他順理成章地被選為參加當年在羅馬舉行的奧運選手。他將參加 110 公尺跨欄決賽，全世界都認為他能贏得金牌。

但是出乎人們的意料，瓊斯並沒有得到金牌，只跑了個第三名。這當然是個極大的挫折，他的第一個想法是：「怎麼辦呢？我或許該放棄比賽。」

這當然非常合乎邏輯，但是瓊斯卻無法安於這種想法。「對自己一生追求的東西」他說：「你不能夠事事講求邏輯。」因此他又開始了訓練，一天三小時，一個星期七天。在其後幾年裡，他又在 60 公尺和 70 公尺跨欄項目締造了一些新紀錄。

1964 年 2 月 22 日，在紐約麥迪遜廣場花園，瓊斯在參加 60 公尺跨欄賽前，曾經宣布這是他最後一次參加室內比賽。大家的情緒都很緊張，每個人的眼睛都看著他。他贏了，打破了自己以前所創的最高紀錄。

隨後一件奇怪的事發生了。那個時候的麥迪遜廣場花園，選手跑過終點線之後，就轉進一個彎道，觀眾看不見。瓊斯跑完，走回跑道上，低頭站了一會，答謝觀眾的歡呼。17,000 名觀眾起立致敬，瓊斯感動得淚下，很多觀眾也流下了眼淚來。

一個曾經失敗的人仍然一往無前、永不放棄，這是多麼難能可貴啊，愛他的人們就愛他這一點。

後來，瓊斯參加 1964 年東京奧運，在 110 公尺跨欄比賽中，得了第一 —— 終於在四年之後贏得了金牌。

感悟：

　　有位大詩人曾說過：「我是自己命運的主宰，我是自己靈魂的主宰。」在挫折面前，我們要有永不放棄的這種韌勁，克服消極、懷疑和徬徨，才能具有自信。因為成功不是偶然的，它需要我們艱辛地付出。

格言：

　　有許多人是用青春的幸福作成功的代價的。

　　　　　　　　　　　　　　　　—— 莫札特（Wolfgang Mozart）

任何事情都需要毅力，成功也不例外

　　有一個年輕人好不容易得到一份工作，被派到一個海上油田鑽井隊。首次在海上作業時，領班要求他在限定的時間內，登上幾十公尺高的鑽井平臺上，將一個包裝盒子交給最頂層的

一名主管。他小心翼翼地拿著盒子，快步登上狹窄的階梯，將盒子交給了主管。主管看也不看，只是在盒子上簽了個名，然後又叫他馬上送回去。他只好又快步地跑下階梯，將盒子交給領班，領班同樣也在盒子上面簽了個名，又叫他送上去交給主管。他狐疑地看了領班一眼，但還是依照指示送了上去。

第二次爬到頂層的他已經氣喘如牛，主管仍舊默不作聲地在盒子上簽了個名，示意要他再送下去。他心中開始有些不悅，無奈地轉身拿起盒子送下去。他再度將盒子交給領班，領班依舊簽了名後又讓他再上去一趟。此時他已經有些怒火中燒，他瞪著領班強忍住不發作，抓起盒子生氣地往上爬。

到達頂層時他已經全身溼透了。他將盒子遞給主管，主管頭也不抬地說：「把盒子打開吧！」

此時他再也忍不住滿腔怒火，重重地將盒子摔到地上，然後大聲地吼道：「老子不做了！」

這時主管從位子上站了起來，開啟盒子拿出香檳，嘆了口氣對他說：「剛才你所做的一切，叫做極限體力訓練，因為我們在海上作業，隨時可能會遇到突發的狀況及危險，因此每一位隊員必須具備極強的體力，來面對各種考驗。好不容易前兩次你都順利過關，只差最後一步就可以通過測試了，實在很可惜！看來你是無法享受到自己辛苦帶上來的香檳了，現在，你可以離開了！」

感悟：

　　成功就是高山上一朵豔麗的花，如果我們想要把花摘到手，就要有不達目的絕不罷休的決心，不要被困難嚇倒，不要半途而廢。事情往往就是這樣：我們放棄時，成功已近在咫尺；如果再堅持一下，成功的香檳就會為我們開啟。

格言：

　　凡有價值的成就，在面臨反覆挫折的時候，都需要毅力和勇氣。

—— 威廉‧貝弗里奇（William Beveridge）

▌相信自己能夠做好，無須別人喝采

　　黛比從小就非常渴望得到父母的讚揚和鼓勵，但由於手足很多，父母根本顧不上她。這種經歷使她長大以後依然缺少自信心。儘管她嫁給了一個非常成功的丈夫，但美滿的婚姻並沒有改變她缺乏自信心的狀態。

　　有一天，黛比突然意識到必須選擇一條屬於自己的新路，否則就會庸碌無為地度過一生。她對自己的父母和丈夫說：「我準備去開一家餐飲店，因為你們總是說我的烹調手藝有多麼了不起。」

　　她的父母和丈夫都告訴她說：「這真是一個荒唐的主意。妳肯定要失敗的，這事太難了。快別胡思亂想了！」但這一次，黛比沒有聽從他們的勸阻，而是毅然採取了行動。

　　生意剛開始的時候的確很艱難，餅乾店開張的那一天，竟然沒有一個顧客光臨。黛比幾乎被冷酷的現實擊垮了，她幾乎要相信父母和丈夫的看法是對的了。

　　但是，黛比最終沒有退縮。她決定堅持下去，並一反平時羞澀的窘態，在她居住的街區，端起一盤剛剛烘製好的餅乾，請每一位過路的人品嘗。這樣做的結果使她越來越自信，因為所有品嘗過的人都認為味道非常好。

　　今天，「黛比·菲爾斯」（Debbi Fields）的名字已經出現在美國數以萬計的食品商店貨架上，她的公司 ——「Mrs. Fields 美國菲爾斯太太餅乾」，也已經成長為美國食品產業中最成功的連鎖企業。

感悟：

　　人的一生常常會為尋求他人認可而掉進愛慕虛榮的牢籠裡，這無異於說：「你對我的看法比我對自己的看法更重要！」在一片反對聲中，我們必須相信自己能夠做好，不需要別人來喝采。

格言：

　　成功必定有自信為其後盾。

　　　　　　　　　　　—— 傑洛拉普（Karl Adolph Gjellerup）

對於強者，一失足並非成千古恨

小王在初入職場不久，因為朋友間義氣相挺，為同事出頭，打傷了別人，被判了一年多徒刑。一年多的時光轉眼就過去了，小王又踏上了豔陽普照的大地。可是因為他的過失，原來的公司再也回不去了，而且因為有前科，也一直沒能找到工作。不過，此時的小王還是充滿希望，而且在親友的幫助下學了一門手藝。

小王靠著自己出色的手藝，找到了一份工作。就在這時，因為別人惡意的羞辱，小王和那個人大吵了一架，傷了人。雖說情況沒有發展到吃上官司，但剛找好的工作又吹了，而且那間公司門口的老警衛也像先前惡意羞辱他的人一樣，丟下了一句：「坐過牢出來的，也不照照鏡子！」

因為有保全人員，小王這一次沒有出手。可是從此「坐過牢出來的，也不照照鏡子」彷彿成了魔咒，每當他振作起來要有所作為的時候，那句話就在腦海裡冒了出來。就這樣，小王自暴自棄，沒過多長時間，就毀掉了自己的一生。

那麼，怎樣才能走出失敗，不讓一失足導致千古恨呢？弗朗西斯·奇切斯特（Francis Chichester）是這方面的榜樣：

弗朗西斯·奇切斯特從軍隊退伍後，由於長時間失業，他心情很糟糕，酗酒、打架成性。他所患有的心臟病，也使他長時間無法正常上班，他後來和人合夥開了一家小麥加工坊，卻因經營不善而破產。身體健康的打擊加上事業上的不如意，使他

灰心喪氣，便終日以酗酒度日，30多歲時還因參與打架鬥毆而遭警方逮捕。

到了50歲，弗朗西斯·奇切斯特步入正軌，生活漸漸好轉起來，但也並沒有多大成就。經過長時間的內心掙扎之後，他做出了個驚人的決定：駕駛帆船周遊世界。此時他58歲。但由於經濟等因素，他的這個宏願還是被迫放棄了。

62歲那年，弗朗西斯·奇切斯特心臟病發作，經搶救活了下來。從醫院出來後，他不顧醫生的警告和家人、朋友的苦苦哀求，決定駕船周遊世界，實現自己的夢想。經過兩年的準備，他出發了。他駕著那艘小帆船下海了！

經過228天的航行，弗朗西斯·奇切斯特繞行世界一周後返回英國，英國女王伊莉莎白二世親自接見他，並授予他皇家一級勳章。

感悟：

　　「一失足成千古恨」，那是失敗者的藉口，是弱者給自己套上的魔咒。對於強者，一失足豈能成為千古恨？它充其量只能造成一時的傷痛，而且這傷痛還能為今後的奮鬥提供有益的借鑑。

格言：

　　一時的失誤不會毀掉一個性格堅強的人。

　　　　　　　　── 車爾尼雪夫斯基（Nikolay Chernyshevsky）

屢挫屢起，定會摘到懸崖上的草莓

古時候，有一位書生讀了很多書，參加了很多次科舉考試卻沒有考中。

他為此懊惱不已，甚至想過輕生。經人指點，他找到一位隱居深山的高僧尋求成功的祕訣。

高僧並未聽他滔滔不絕地傾吐著自己的痛苦，只漫不經心的一抬手：「那邊懸崖上有一叢草莓，你幫我採下來，我便告訴你該如何達到你的夢想。」

山並不高，卻極其陡峭，懸崖冰冷佇立，青苔滑膩，那一簇小小的紅草莓，看上去彷彿可望而不可即。他不禁望而生畏，脫口而出：「這麼高的山，我怎麼爬得上去呢？」但高僧已閉目合十，不再理會他。

他在懸崖下冥思苦想，始終想不出好辦法，不由得心煩意亂，想退縮卻又明知這是自己最後的機會。

他靜下心來，回去買來地圖，認真研究攀登整座山的最佳途徑。他參加了登山訓練班，購置了登山裝備，信心十足地開始攀爬 —— 第一次還不到三分之一，他不得不力竭而返。撫摸著痠痛的四肢，他心灰意冷，卻在朦朧月色裡，依稀看見遠處那誘人的草莓。

他每天更積極地鍛鍊身體，還向別人請教登山技巧。之後，他開始第二次向山頂攀登。第二次仍然失敗而返，但他心

中卻再也沒有沮喪與愁苦。因為這一次，他離山頭已不過幾步之遙。

終於在第三次，他掌中盈滿草莓的嬌嫩與芳香。他急切地問：「大師，我摘到了草莓，現在你可以告訴我成功的祕訣了吧？」

高僧只將草莓放入口中，微笑著說：「很甜！」然後又問：「咦，你不是已經成功了嗎？」

在這一瞬間，他恍然大悟。

感悟：

這世上還有什麼成功會比懸崖上的草莓更難以採擷？要採摘懸崖上的草莓，所憑藉的無非是勇氣、智慧、渴望，充足的準備和鍥而不捨的精神。具備了這種精神，屢挫屢起，百折不撓，定會成功。

格言：

成功的祕訣是鍥而不捨。

── 班傑明·迪斯雷利（Benjamin Disraeli）

不達山頂不罷休，才是真正的成功者

很久很久以前，在一個遙遠的地方，老酋長病危。他派人找來部落中最優秀的三個年輕人，對他們說：

「現在是我要離開你們的時候了，這是上帝的旨意，你們不用難過，不過我要你們為我做最後一件事。現在，請你們盡己所能地去攀登那座我們一向奉為神聖的大山。你們要盡己所能爬到最高的、最險峻的地方，然後，再回來告訴我你們的見聞。」

三天後，第一個年輕人回來了，他笑生雙靨，衣履光鮮：

「酋長，我到達山頂了，我看到繁花夾道，流泉淙淙，鳥鳴嚶嚶，真是個人間的仙境啊！」

老酋長笑笑說：

「孩子，那個地方不是山頂，而是山麓。你回去吧！以後要做誠實的孩子。」

一週以後，第二個年輕人也回來了，他神情疲倦，滿臉風霜：

「酋長，我到達山頂了。我看到高大肅穆的松樹林，也看到禿鷹盤旋，那的確是一個好地方。」

「可惜啊！孩子，你看到的不是山頂，那是山腰，不過，也難為你了，你回去吧！」

一個月過去了，大家都開始為第三位年輕人的安危擔心，他卻一拐一拐，衣不蔽體地回來了。他髮枯唇燥，只剩下清炯的眼神：

「酋長，我終於到達山頂。但是，我該怎麼說呢？那裡只有高風悲旋，藍天四垂，並沒有想像得美麗。」

「你難道在那裡一無所見嗎？難道連蝴蝶也沒有一隻嗎？」

「是的，酋長，高處一無所有。我所能看到的，只有自己，只有『個人』被放在天地間的渺小感，只有想起千古英雄的悲激心情。」

「孩子，你到的是真的山頂，按照我們的傳統，天意要立你做新酋長，祝福你。」

感悟：

　　人生正如爬山，人人都有機會去迎接挑戰。不同的是有人注重過程，有人追求結果。有人只爬到半山腰，有人卻攀上了絕頂。真正的成功者，擁有不達山頂絕不罷休的勇氣。

格言：

　　誰經歷的苦難多，誰懂得的東西也就多。

—— 荷馬（Homer）

只有飽經歷練，才能夠成才

一座香火很盛的廟裡的石地板，對香客膜拜、香火不斷的石佛像憤憤不平：「你我同是石頭，來自同一座山，為什麼你能高高在上，享受千人朝拜，萬人供奉，而我卻要天天被人們踩在腳下，誰都對我視若無睹？」

佛像略一沉思後微笑道：「賢弟，世間事大體是十分公平的。你我的確材料相同，來自同一座山，但你在出山之前，師傅只是敲了幾下子，把你劈得方方正正便可送出山。在你走後的三年中，師傅對我砍呀、鑿呀、刻呀、磨呀，從未間斷，我才成了今天的樣子。既然出山前我們的歷練不同，今天的際遇不同也是很自然的事情，這又有什麼不公平的呢？」

人要成才，也必須經過歷練。達爾文（Charles Darwin）就是這方面的例子。

西元 1831 年，達爾文從劍橋大學畢業。他放棄了待遇豐厚的牧師職業，依然熱衷於自己的自然科學研究。同年 12 月，英國政府組織了「小獵犬號」（HMS Beagle）軍艦的環球考察，達爾文經人推薦，以「博物學家」的身分自費搭船，開始了漫長而又艱苦的環球考察活動。

達爾文每到一處地方總要進行認真的考察研究，採訪當地的居民，有時請他們當嚮導，跋山涉水，採集礦物和動植物標本，挖掘生物化石，發現了許多沒有記載的新物種。他白天收

集穀類岩石標本、動物化石，晚上又忙著記錄收集經過。

　　達爾文隨船橫渡太平洋，經過澳洲，越過印度洋，繞過好望角，於西元 1836 年 10 月回到英國。在歷時五年的環球考察中，達爾文累積了大量的資料。回國之後，他一面整理這些資料，一面又深入實踐。同時查閱大量書籍，為他的生物演化理論尋找根據。西元 1859 年 11 月，達爾文經過 20 多年研究而寫成的科學鉅著《物種起源》（*On the Origin of Species*）終於出版了。

感悟：

　　相似的出身，相同的學歷，相似的很多方面，每個人卻有不同的際遇，有的成名成才，有的碌碌無為，有的家庭和樂，有的眾叛親離……原因只有一個：個人的經歷不同。

格言：

　　不經苦難，難得皇冠。

—— 諺語

失敗與成功緊密相連

　　保羅・高爾文（Paul Galvin）是個充滿進取精神的愛爾蘭農家子弟，13 歲時，他見別的孩子在火車站月臺上賣爆米花，生意很不錯，於是他也做起了這個產業。

　　由於他占了別人的地盤，搶了他人的生意，於是他們搶走了他的爆米花，把它們全部倒在街上。

　　第一次世界大戰以後，高爾文從部隊退役回家，他在威斯康辛創辦了一家電池公司。儘管他竭盡腦汁地推銷自己的產品，卻始終打不開銷路。有一天，就在高爾文離開廠房去吃午餐時，公司被查封了。

　　1926 年，高爾文又跟人合夥做起收音機生意。當時，全美國大概有 3,000 臺收音機，預計兩年後將成長 100 倍。但這些收音機都是用電池來供電的。於是，他們想發明一種整流器來代替電池。產品最終製造了出來，預計銷售前景本來不錯，可是怎麼也打不開銷路。

　　就在生意一天天走下坡時，高爾文透過郵購銷售的辦法招攬了大批客戶。他累積了一些資金創辦了專門製造整流器和收音機的公司。可是沒出三年，高爾文依然破了產。

　　這時，高爾文幾乎已陷入絕境，然而，他沒有就此沉淪。當時他又產生了把收音機裝到汽車上的念頭，但有許多技術上的困難有待克服。

　　到 1930 年底，他的製造廠帳面上已虧損 374 萬美元。在一個週末的晚上，他回到家中，妻子正等著他拿錢來買食物、交房租，他摸遍全身只有 24 塊錢，而且都是借來的。

　　一切艱難困苦並沒有使高爾文倒下，他一直奮鬥不息。在他努力不懈下，他的事業終於獲得了成功，最終成為腰纏萬貫的富翁。他以自己第一部車用收音機的牌子命名了他的豪華住宅。

感悟：

　　失敗與成功有著密切的關連。要爭取成功，必須學會正確對待失敗。失敗給人帶來的經驗、教訓、錘鍊，是成功必備的基礎；失敗是成功者奮進的基石和加油站。

格言：

　　我主要關心的，不是你是不是失敗了，而是你對失敗是不是甘心。

—— 林肯（Abraham Lincoln）

有時候，失敗是變相的成功

　　羅伊·布朗克（Roy Plunkett）在畢業之後，經過多次的甄選，進入了著名的杜邦公司，擔任實驗室化學研究員的職務。每天過著朝九晚五的日子，默默無聞。

　　但一次失敗的試驗，改變了他的生活。

　　當時，杜邦公司正在進行一項新物質的實驗工作，由於實驗室中同事的疏忽，導致溫度過高，造成試管內的新物質因過度加熱而揮發。

　　實驗失敗了，實驗室裡其他研究員們依照正確的作業流程，欲將新物質已揮發的試管丟棄。

　　細心的羅伊‧布朗克卻拿著燒黑了的試管，在天平上秤了秤重量，發現一個新問題。試管內的物質雖然已經揮發，但試管的重量，卻明顯地增加了許多。

　　有了這個發現，羅伊‧布朗克再深入地加以研究。經過一段時間的努力，他終於在試管內找到一種奇特的透明塑膠成分，這種透明塑膠居然能夠承受不可思議的高溫，而不會導致化學結構的改變，也就是說，它可以耐高溫而不會產生毒性。

　　羅伊‧布朗克發現的奇特透明塑膠成分，就是今日大量被應用在日常生活中的「鐵氟龍」（Teflon）。這項發明的專利，為羅伊‧布朗克帶來了源源不斷的財富，更促成了難以計數的新產品問世。

感悟：

　　有時所謂的「失敗」只是一種假象，它的現象背後，代表的是成功地擊垮目前所有錯誤的思考模式，引導人們邁向一個更新、更好的人生新境界。

格言：

　　失敗可能是變相的勝利，最低潮就是最高潮的開始。

　　　　　　　　　　—— 亨利‧朗費羅（Henry Longfellow）

在哪裡跌倒，就在哪裡站起來

獲得「世界十大黑白攝影師」稱號的于仲安，生長於一個貧苦家庭，也可以說是貧困驅使他成為一名攝影家。

1974 年，母親患癌症去世，16 歲的于仲安就來到母親生前工作的小照相館當學徒，立志成為與眾不同的攝影家。

他晚上天天睡在照相館二樓的地板上，充分利用所有時間鑽研攝影技巧，又進入學校自學高中課程。

1987 年，他參加多項國際攝影比賽，連續收到十幾次退稿信，信上用了「驅逐」這個字眼，傷害了他的自尊心，也激發了他強烈的進取心。

他沒有退卻，繼續努力，終於成功了。

他的攝影作品先後獲獎。《黑白之間》獲新加坡國際攝影節金獎；《陽光》獲歐洲攝影冠軍巡迴賽坎迪勳章獎；《夢境》獲南非伊麗莎白國際攝影賽最高獎；《清澈》獲阿根廷國際大賽金獎。

于仲安至今已獲得各種獎項 100 多次，僅 1993 年參加國際比賽 63 次，得獎 52 個。比利時《人像攝影》雜誌還寫信向他邀稿。

他獲得中國「全國首屆十大人像攝影師」稱號，成為中國第一個美國攝影學會（Photographic Society of America，簡稱 PSA）三星級攝影師，有三幅作品被美國攝影學會永久珍藏。

這一切都是他受挫後沒有氣餒，不斷努力的結果。

> **感悟：**
>
> 　　當人的自尊心受到傷害時，往往出現兩種相反的結果：或一蹶不振，或努力成功。如果受到挫折，毫不氣餒，絕不放棄努力，最終定會成功。

> **格言：**
>
> 　　在哪裡跌倒，就在哪裡站起來。
>
> ── 諺語

遭受挫折後，勇於在急流中勇進

　　達斯汀·霍夫曼（Dustin Hoffman）在事業上的轉折是在他加入波士頓戲劇公司、成為一名性格演員以後開始的。剛進公司時，他在九個月內演了十部戲。評論家們說，他最出色的表演是在《等待果陀》（*Waiting for Godot*）中扮演奴隸主波佐（Pozzo）。該劇公演結束後，霍夫曼接到了百老匯一些商業演出邀請。之後，不斷有製片商邀請他在百老匯擔任重要角色。

　　但是，命運又捉弄了他。因為廚房著火，霍夫曼的手被燒成三度燙傷，細菌感染擴散至血液裡，以致他不得不住院一個月。

　　經過一個月的治療，霍夫曼康復出院。他不顧手上還裹著幾層繃帶，就急切地返回劇組排練。當他來到劇組時，才知道

他的角色已被別人搶去，這使他非常傷心。

為了能重返劇壇，霍夫曼每個星期都參加甄選演員的短劇表演。大約一個月後，他又開始走運，被選入另一個劇組。然而到了排練的第六天，導演通知他回去休息一兩天或更長時間，言下之意，是不用再回來排練了。導演明顯地不滿他的表演和一些私人怪癖。這類意想不到的挫折對霍夫曼來說已屢見不鮮，他已習慣在質疑聲浪中急流勇進。

之後，由於在《第五匹馬的旅程》（*The Journey of the Fifth Horse*）一劇中演出成功，霍夫曼開始奠定了他在舞臺劇中作為性格演員的地位。

霍夫曼成名後，《畢業生》（*The Graduate*）、《午夜牛郎》（*Midnight Cowboy*）、《倫尼的故事》（*Lenny*）等影片為他贏得了巨大的聲響，《畢業生》甚至還獲得了五項金球獎，但是卻在三次奧斯卡評選中落敗了，這使霍夫曼受到了很大打擊。幸而霍夫曼最終沒有萎靡不振，他覺得自己的表演仍有巨大潛力。

經過他的努力不懈，1980 年 4 月 14 日，在充滿歡樂氛圍的盛大頒獎典禮上，霍夫曼一舉奪得美國最高榮譽的第 52 屆奧斯卡金像獎，成為美國電影史上一顆璀璨的明星。此後，他還連續兩屆擔任了金像獎頒獎典禮的頒獎人。

> 感悟：
>
> 　　在人生的路上，挫折總是難免的。如何對待挫折，決定著人們是否能夠成功。有的人在挫折面前，一蹶不振，就此

> 沉淪萎靡下去；有的人面對挫折，急流勇進，不屈不撓，堅持不懈。毫無疑問，等待前者的，只有失敗；而後者卻因為百折不撓而成功。

格言：

　　勝利屬於能忍耐的人。

—— 拿破崙（Napoleon Bonaparte）

失敗是暫時的，不要半途而廢

　　有一位燙衣服的工人住在貨櫃屋中，週薪只有 60 元。他的妻子上夜班，雖然夫妻倆都在工作，但賺到的錢也只能勉強餬口。他們的孩子耳朵發炎，為了省下錢去買抗生素治病，他們只好連電話也停掉。

　　這位工人希望成為作家，夜間和週末都不停地寫作，打字機的劈啪聲不絕於耳。他多餘的錢全部用來付郵資，寄原稿給出版商和經紀人。他的作品全被退回了。退稿信很簡短，非常公式化，他甚至不敢確定出版商和經紀人究竟有沒有認真看過他的作品。

　　一天，他讀到一部小說，令他記起了自己的某本作品，他把作品的原稿寄給那部小說的出版商，出版商把原稿交給了紐

約的一位編輯比爾‧湯普森（Bill Thompson）。

幾個星期後，他收到湯普森一封熱誠親切的回信，說原稿的瑕疵太多。不過湯普森確信他有成為作家的希望，並鼓勵他再試試看。在此後的 18 個月裡，他又給編輯寄去兩部原稿，但都被退搞了。他開始試著寫第四部小說，不過由於生活所逼，經濟上捉襟見肘，他開始放棄希望。

一天夜裡，他把原稿扔進垃圾桶。第二天，他妻子把它撿回來。「你不應該半途而廢，」她告訴他：「特別是在你快要成功的時候。」

他瞪著那些稿紙發愣。也許他已不再相信自己，但妻子卻相信他會成功。一位他從未見過面的紐約編輯，也寫信鼓勵他，相信他會成功。因此，每天他都寫 1,500 字。

寫完了以後，他把小說寄給湯普森，不過他沒抱什麼希望。可是他錯了，湯普森的出版公司預付了 2,500 美元給他。

這個人就是史蒂芬‧金（Stephen King），他的經典恐怖小說《魔女嘉莉》（Carrie）也就這樣誕生了。這本小說後來熱銷了 500 萬冊，還被拍攝成電影，成為 1976 年最賣座的電影之一。

感悟：

　　沒有人能隨隨便便成功，失敗只是暫時的。不要因為暫時的失敗而半途而廢，尤其是在快要成功的時候，只要再堅持一下，成功就會到來。

格言：

　　成功的唯一訣竅，是堅持到最後一分鐘。

—— 柏拉圖

繼續走完下一里路，定會走出困境

　　著名的作家兼戰地記者西華‧萊德先生，曾在 1957 年 4 月的《讀者文摘》（*Reader's Digest*）上撰文表示，他所收到的最佳忠告是「繼續走完下一里路」，下面是其文章中的一部分：

　　「第二次世界大戰期間，我跟幾個人不得不從一架受損的運輸機上跳傘逃生，結果迫降在緬印交界處的樹林裡。當時唯一能做的，就是拖著沉重的步伐往印度走。全程長達 140 英里，必須在八月的酷熱和季風所帶來的暴雨侵襲下，翻山越嶺長途跋涉。」

　　「才走了一個小時，我一隻長筒靴的鞋釘扎了另一隻腳，傍晚時雙腳已經起泡出血，範圍像硬幣那般大小。我能一瘸一拐地走完 140 英里嗎？其他人的情況也差不多，甚至更糟糕。我們能不能繼續前行呢？我們以為完蛋了，但是又不能不走。為了在晚上找個地方休息，我們別無選擇，只好硬著頭皮走完下一里路……」

「當我推掉其他工作，開始寫一本 25 萬字的書時，心一直定不下，我差點放棄一直引以為榮的教授尊嚴，也就是說幾乎不想寫了。最後我強迫自己只想下一個段落怎麼寫，而非下一頁，當然更不是下一章。整整六個月的時間，除了一段一段不停地寫以外，什麼事情也沒做，結果居然寫完了。」

「幾年以前，我接了一件每天寫一個廣播劇本的差事，到目前為止一共寫了 2,000 個。如果當時簽一份『寫 2,000 個劇本』的合約，我一定會被這個龐大的數目嚇倒，甚至把它推掉。好在只是寫一個劇本，接著又寫一個，就這樣日積月累，真的寫出這麼多了。」

感悟：

　　堅持走下去，一里路再一里路，距離再一點點地縮短，再堅持一下，就會走到目的地。做什麼事都是如此，一下子成功不可能，只能一步步走下來，堅持到底，成功才能到來。

格言：

　　許多賽跑的人失敗，都是失敗在最後幾步。

—— 蘇格拉底（Socrates）

第七章

合理運用金錢，正確對待名利

貪婪使人遠離大眾，善舉使人回歸自我

美國石油大王洛克斐勒（John Rockefeller）出身貧寒，在創業初期，人們都誇他是個好青年。當黃金像貝斯比亞斯火山流出的岩漿似的流進他的金庫時，他變得貪婪、冷酷。

賓州油田地帶的居民深受其害。有的受害者做出他的木頭人偶，親手將「他」處以絞刑。無數充滿憎惡和詛咒的威脅信湧進他的辦公室。連他的兄弟也十分討厭他，而特意將兒子的遺骨從洛克斐勒家族墓園遷到其他地方。

在洛克斐勒 53 歲時，疾病纏身，人變得像個木乃伊，醫師們終於向他宣告一個可怕的事實：他必須在金錢、煩惱、生命三者中選擇其一。

這時，洛克斐勒才開始省悟到是貪婪的魔鬼控制了他的身心。他聽從了醫師的勸告，退休回家，開始學打高爾夫球，上電影院去看喜劇，還常常跟鄰居閒聊。

他經過一段時間的反省，開始考慮如何將龐大的財富捐給別人。

起初，他捐給教會，教會不接受，說那是腐朽的金錢。

他不理會這些，繼續熱衷慈善事業。

後來，他聽說密西根湖畔一家學校因無力償債而被迫關閉，他立即捐出數百萬美元，從而促成如今國際知名的芝加哥大學誕生。中國北京著名的協和醫院就是洛克斐勒基金會贊助

而建成的。1932 年中國發生的霍亂疫情，幸虧洛克斐勒基金會資助，才有足夠的疫苗預防而不致成災。

洛克斐勒還創辦了不少福利事業，幫助黑人。從此以後，人們漸漸地理解了他，開始用另一種眼光來看他。

他造福社會的行為，受到人們的尊敬和愛戴，還給他帶來用錢買不到的平靜、快樂、健康和高壽。他在 53 歲時已瀕臨死亡，結果卻以 98 歲高齡辭世。

感悟：

　　人一旦被貪婪的「魔鬼」控制了自己，不僅會迷失自我，煩惱也將揮之不去。因此，要做一個勇於正視「魔鬼」進而戰勝「魔鬼」的強者，而絕不屈服於「魔鬼」的控制。

格言：

　　貪婪是萬惡之源。它占有的越多，胃口也越大。

　　　　　　　　　　　　　　　　　── 克勞德安納斯

貪吃蜂蜜的蒼蠅，準會溺死在蜜漿裡

某日，某甲和某乙這一對相交多年的好朋友在林中散步。突然，有位僧人迎面跑來，面色倉皇。兩人覺得奇怪，其中一

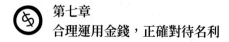
位拉住那個僧人問道：「怎麼了，發生了什麼事情，使你這麼害怕？」

僧人恐慌地說：「我正在移植一棵小樹，挖開地，忽然發現了一罈子黃金。」

兩個人感到好笑，悄悄地說：「挖出了黃金是好事呀，他怎麼被嚇成這樣？」然後，他們異口同聲問道：「黃金在哪裡？告訴我們吧，我們不害怕。」

僧人說：「還是別去了，這東西如同怪獸，會吃人的。」

兩個人著急地說：「我們不怕，你就快告訴我們黃金在哪裡吧。」

僧人只好告訴了他們具體的地點，兩個人循著路線找過去，果然找到了黃金，而且是一大罈子。

某甲說：「如果現在把黃金運回去，不太安全，還是等天黑、別人看不見再往回運吧。這樣吧，現在我留在這裡看著，你先回家拿點飯菜來，我們在這裡吃完飯，等半夜時再把黃金運回去。」

某乙同意，匆匆離去了。

某甲心想：「如果黃金都歸我多好呀！等某乙回來，一棒子把他打死，我就能獨占這罈子黃金了。」

某乙也在想：「我先吃完飯，然後在他的飯裡下些毒藥。他一死，我就能獨占這罈子黃金了。」

就這樣，某乙提著飯菜剛到樹林裡，某甲就從背後用木棒

打中了他的頭部，某乙一下子就倒地死了。然後，某甲拿起飯菜，狼吞虎嚥地吃了起來。過了一會，毒性發作，某甲的肚子裡就像火燒一樣的痛，這才知道自己中了毒。臨死前，他想起了僧人的話，不禁感嘆：「金錢真是個怪獸啊，它有時真的會吃人。」

感悟：

　　貪婪會讓人爾虞我詐，讓人逐步踏進萬劫不復的地獄，死有餘辜。切記，不要使欲望無節制地滋長，否則那將會害人害己。

格言：

　　貪吃蜂蜜的蒼蠅，準會溺斃在蜜漿裡。

—— 約翰・蓋伊（John Gay）

企圖占有別人的東西，只會害了自己

　　一個富有而悠閒的女子，有一天突然看上了鄰家女子的一個寶石戒指。

　　「啊！多麼漂亮的寶石！幽藍幽藍，如深沉的海水一般，假如它戴在我的手上，那該多漂亮啊！」

富有女子被自己的欲望折磨得心煩意亂，逐漸消瘦了。有一天，她突然下決心，要把那寶石戒指弄到手。

於是她趁夜深人靜，從窗戶翻進鄰居家中，盜走了鄰家女子放在床頭上的寶石戒指。在片刻的狂喜過後，富家女子開始惴惴不安了：她怕鄰家女子懷疑到自己，怕警察把自己抓去。

這種擔心隨著時光的流逝漸漸有增無減，她開始失眠，開始多疑。有時，鄰家女人隨便拋來的一個笑意，也嚇得她內心顫抖不已。她開始沒有了食慾，沒有了快樂，她的臉色日漸憔悴，年齡看上去比她的實際年齡老了十歲。

她經常無緣無故地半夜歇斯底里大吼，從床上驚坐而起，驚擾得她的丈夫無法安睡。她的丈夫對她的行為忍無可忍，終於離開了她，並斷絕了對她的經濟支持。當用完了家中所有積蓄，她便想去變賣這只戒指。

正在這時，突然響起了敲門聲。她以為警察來抓她，嚇得準備翻窗逃走，一不小心，從窗子上跌了下去。

來敲門的是鄰家女人。當她得知女子已經跳樓摔死，手上還戴著她丟失的戒指時，迷惑不解地說：「真是怪事，那個偷了我戒指的人，什麼時候把它戴到死者手指上了呢？」

感悟：

人都有占有欲，但是，如果占有欲是以損害他人的利益來滿足自己，最後受害的只能是自己。只有經過自己的努力所獲得的東西，才會心安理得的擁有。

> 格言：
>
> 抑制私慾，可以平安常樂；隨心所欲，足以招災惹禍。
>
> —— 《一千零一夜》（*The Arabian Nights*）

生活本身就是一條河流，更多時候是平靜向前

中國文學大師錢鍾書先生，是個「甘於寂寞」的人。他最怕被宣傳，更不願在報刊上露面。他的《圍城》出版了，在國內外引起了轟動，許多人對這位作家比較陌生，想見一見他，都被謝絕了。

一天，一位英國女士打電話來，她很喜歡《圍城》，想見見錢先生。錢先生婉言謝絕無效，便以特有的幽默方式對她說：「假如妳吃了個雞蛋覺得不錯，何必要認識那隻下蛋的母雞呢？」

有一次美國普林斯頓大學曾開價 16 萬美元，邀他去講學半年，食宿全包，可偕夫人前往。而且該大學只要求他一週授課一次，每次 40 分鐘，半年只講 12 次即可，如此優厚待遇，幾乎令人咋舌。可錢鍾書卻不為所動。

同樣，甘於寂寞的還有菲律賓的前總統。

　　菲律賓前總統艾奎諾夫人（Corazon Aquino）在總統府馬拉坎南宮任職了六年之後，於 1992 年 6 月卸去了總統職務。

　　卸任總統是否會有些失落呢？看看歷史和現實，答案更多是肯定的。因此，人們似乎有理由斷定艾奎諾夫人在卸任後心情欠佳、舉措失據。

　　但是，人們錯了。艾奎諾夫人卸下總統的職責，隨即離開總統府，驅車重返故鄉，過起了平民生活。

　　鄰居們用掌聲歡迎她，她說的第一句話就是：「又回來了，我真高興！我太激動了！」

　　她還說：「對我和我的家人來說，離開馬拉坎南宮並沒有什麼心理上的失落。我常說，權力本應該是暫時的。我在馬拉坎南宮只不過是個過客而已。」

感悟：

　　在人生的舞臺上，我們每個人都是匆匆的過客。一路走來，我們會發現，生活中雖有大喜大悲，但更多的時間是平平淡淡。我們必須淡泊名利，因為平淡才是生活的本質，人們也只有在平淡中，才更能體驗人生。

格言：

　　生活本身就是一條河流，它需要激流，但更多的時候，它得平靜向前。

——歌德

榮譽是一把雙刃劍，把持不好會毀掉自己

美國大發明家愛迪生，年輕時力求上進，創辦研究所，在科學上屢建奇功，先後有電燈、電影等 1,000 多項發明，譽滿天下。

但在晚年，愛迪生被顯赫的榮譽沖昏了頭。在實驗裡，他自矜其功，甚至對手下的人說：「你們不要向我提出什麼建議，否則，人們會認為我的發明是接受你們的建議完成的。」

從此，這位發明大王的目光離開了事業，而去追求個人的榮譽。與此同時，他的科學生涯一蹶不振，以後再也沒有什麼新的發明。

無獨有偶，英國物理學家牛頓，也是一例。

牛頓在物理、天文、數學等領域都有突出貢獻。他提出的「牛頓三大運動定律」至今還被物理學界奉為經典。他發明的反射式望遠鏡幫助人類更能了解神祕的大自然。恩格斯曾給予牛頓很高的評價。

但晚年的牛頓，卻成了名利的奴隸。他相信神學，獨斷專行，有才幹的年輕人在他那裡得不到拔擢，好多人敢怒不敢言。牛頓晚年再沒有什麼重大發現。

感悟：

作為社會上的一分子，很少有誰不追求、重視榮譽的。但是榮譽像把雙刃劍，既可以激勵人，也可以毀掉人。如果

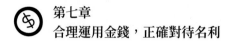

把榮譽比作牌區，那就不僅僅要掛起來，還要勤加拂拭，使之越擦越亮。

格言：

　　榮耀就像螢火蟲，遠看閃閃發亮，近看卻既沒有熱，也沒有光。

—— 約翰·韋伯斯特（John Webster）

不要只盯著名利，永遠保留一隻眼睛看自己

　　日本歷史上有兩個武藝高強的劍客，一個是宮本武藏，另一個是柳生又壽郎，柳生是宮本的徒弟。

　　柳生第一次去見宮本時，問：「老師，根據我現在的條件，你認為我要練劍多久，才能成為第一流的劍客？」

　　宮本回答說：「大概要十年吧！」

　　柳生想：十年好長啊，我不想花這麼長時間。於是他對師傅說：「如果我加倍努力練劍，多少時間可成為第一流劍客？」

　　師傅答：「那需要 20 年」。

　　20 年不是更長了？柳生有點納悶，接著問師傅：「如果我晚上不睡覺，夜以繼日地練劍，多久才能成為第一流的劍客呢？」

宮本不耐煩地回答：「那你這輩子就不可能成為第一流的劍客了。」

柳生覺得很奇怪，莫非老師腦筋出了毛病？於是又疑惑地問：「為什麼我越努力，越不能成為第一流的劍客呢？」

宮本告訴他：「你現在兩隻眼睛都盯在『第一流劍客』這塊金字招牌上了，哪裡有眼睛好好看看自己呢？成為第一流劍客的首要條件，就是『永遠保留一隻眼睛看自己』。」

柳生聽罷，茅塞頓開。後來，他跟隨老師勤學苦練，終於成為唯一與老師齊名的劍客。

感悟：

「永遠保留一隻眼睛看自己」，就是要正確地認識自己，放棄功利心，避免心浮氣躁、患得患失。如果眼睛只盯在名利上，而不去努力，那只能是徒然眼紅別人成功。

格言：

所有偉大的東西總要在遠離市場與虛名的地方才會產生。

—— 尼采（Friedrich Nietzsche）

超脫功名利祿，才能獲得內心平靜

中國當代著名學者、書畫家和文物鑑定家啟功身為滿清皇室貴冑，卻從不以血統自豪，毅然放棄「愛新覺羅」這個帝王家姓，以平民自居：

「本人姓啟名功字元白，不吃祖宗飯，不當『八旗子弟』，靠自己的本領謀生。」

啟功出生時，正值民國誕生，昔日的榮華富貴早已成夢、成空。啟功早年喪父，備嘗艱辛，只受過中學教育，如果不是史學家、中國輔仁大學校長陳垣一力提攜，他根本不可能站上大學的講壇，成就一生的學業。

啟功曾花了一年時間寫字作畫，義賣所得全部款項，加上僅有的數萬存款，全都捐給北京師範大學，設立獎學助學基金，卻執意拒絕以自己的名義命名，而是堅持以老校長陳垣「勵耘書屋」中的「勵耘」兩字命名。對陳垣的知遇之恩，他始終念念不忘。

啟功 66 歲那年為自己寫下墓誌銘：

「中學生，副教授。博不精，專不透。名雖揚，實不夠。高不成，低不就。癱趨左，派曾右。面微圓，皮欠厚。妻已亡，並無後。喪猶新，病照舊。六十六，非不壽。八寶山，漸相湊。計平生，諡曰陋。身與名，一齊臭。」

啟功半生坎坷，被打成右派分子，遭遇「文革」浩劫、喪

妻之痛，都一一承受，最終徹悟人生，做到了不以物喜、不以己悲，做到了寵辱不驚。

人們喜歡尊稱他為「博導」，他的回答是：「一撥就倒、一駁就倒，我是『撥倒』，不撥『自倒』矣！」

他被任命為中央文史研究館館長，有人道賀說他榮升「部級」，他卻自嘲：「不急，我不急，真不急！」

感悟：

　　功名利祿，是自古以來人們所追求的目標，總有人不擇手段去追求。擁有淡泊名利的高尚品格，是許多常人做不到的。只有超脫功名利祿的困擾，才能找到平靜的心靈之湖。

格言：

　　才智、藝術和身後之名都不能永駐。

—— 米開朗基羅（Michelangelo）

榮譽就像玩具一樣，只能玩玩而已

眾所周知，居禮夫人是偉大的科學家，鐳的發現者，一生贏得了眾多榮譽。

著名的英國皇家學會（The Royal Society）對居禮夫人表達

了最崇高的敬意，頒發給她享有世界聲譽的該會最高獎項——戴維金質獎章。

居禮夫人並不把這作為榮耀而加以珍藏，當有人去居禮家裡拜訪時，驚訝地發現，金光燦燦的獎章竟成了居禮夫人女兒伊雷娜的玩具。

客人問：「這麼貴重的東西，怎麼能隨便給孩子玩呢？」

居禮夫人答道：「我是想讓孩子從小就知道，榮譽就像玩具一樣，只能玩玩而已。如果讓孩子躺在父母的榮譽簿上，她們將來就會一事無成。」

後來，法國也決定授予居禮夫人榮譽軍團勳章，這是法國為了表彰健在的偉大人物而設立的榮譽勳位，但居禮夫人謝絕了。她說：「我不要這塊小銅牌，只需要一個實驗室。」

為了躲避隨著獲獎而紛至沓來的記者採訪，居禮夫人外出總是隱姓埋名，用假姓名進行登記。但有一次還是被一位窮追不捨的美國記者發現了，那位記者希望能夠採訪居禮夫人，但居禮夫人卻對他說：「在科學上，我們應該注意事而不是人。」

居禮夫人先後被國內外 100 多個科學研究機構聘為名譽會員、名譽院士、名譽博士，榮獲獎金、獎章 20 餘次，但她都淡然處之。所以科學巨匠愛因斯坦稱讚她：「在所有著名人物中，居禮夫人是唯一不為榮譽所動的人。」

感悟：

在眾多榮譽的光環下，能夠保持一顆平常心，將榮譽視為玩具而不是沾沾自喜、止步不前，躺在榮譽上睡大覺，這樣的人是可敬的，他們永遠會被世人尊重。

格言：

躺在成就上，就像行進時躺在雪地裡一樣危險。

—— 維根斯坦

放棄身外的光環，歷練真實的本領

耶魯大學 300 週年校慶時，全球第二大軟體公司「甲骨文」（Oracle）的行政總裁、世界排名第四的富豪艾利森（Larry Ellison）應邀參加校慶典禮。

艾利森當著耶魯大學所有校友的面，說出了一番驚世駭俗的言論。

他說：「所有哈佛大學、耶魯大學等名校的師生都以為自己是成功者，其實你們都是失敗者，因為你們以就讀於有比爾蓋茲等優秀學生的學校為榮，但比爾蓋茲卻並不以在哈佛讀過書為榮。」

全場聽眾目瞪口呆。艾利森接著說：「眾多最優秀的人才非但不以哈佛、耶魯為榮，而且常常堅決地捨棄那種榮耀。」

「世界首富比爾蓋茲，中途從哈佛退學；世界第二富有的保羅·艾倫（Paul Allen），根本就沒上過大學；世界排名第四的富豪就是我，也被耶魯大學開除；世界第八的富戴爾，只讀過一年大學；微軟總裁史蒂夫·鮑爾默（Steve Ballmer）在全球富豪榜上大概排在十名開外，他與比爾蓋茲是同學，為什麼成就差一些呢？因為他是讀了一年研究所後才戀戀不捨地退學的……」

感悟：

　　豪門、名校等「光環」固然令人羨慕，但那些畢竟與自己的真實能力無關。烏鴉即使披上鳳凰的羽毛，牠還是烏鴉，不如捨棄光環，以本來面目生活。

格言：

　　不要借別人之光來增自己之光。

—— 森鷗外

金錢的本質是為生者謀福祉，而不是為死者陪葬

從前有一位國王，名叫難陀。難陀拚命聚集財寶，希望把財寶帶到他的後世去。他一心要把全國所有錢財都聚集在自己一人手中。

難陀把他漂亮的女兒當作搖錢樹，規定：誰想結交公主，就要帶著財寶當見面禮。他吩咐在身邊伺候公主的人說：「要是有人帶著財寶來結交公主，就把這個人連同他帶的財寶一起送到我這裡來！」就這樣，一天天過去了，最後全國沒有一個地方還有金錢寶物，所有的金錢寶物都進了國王的倉庫。

有一個寡婦，只有一個兒子，她把兒子視若命根子。兒子對漂亮的公主愛慕不已，但是他家裡沒有錢財，沒法結交公主。為此，他害上了相思病，身體瘦弱，氣息奄奄。母親問他：「你害了什麼病，怎麼會病成這個模樣？」

兒子把事情告訴了母親，說：「我要是不能和公主交往，必死無疑。」母親想了一會，說：「你父親死的時候，口裡含有一枚金錢。你要是把墳墓挖開，可以得到那枚錢，自己用錢去結交公主。」

於是，兒子照做了，他拿到了錢，來到公主那裡。侍從便把他連同那枚金錢送去見國王。難陀見了，說：「國內所有的金

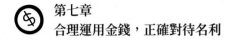
錢寶物，除了我的倉庫中的，都蕩然無存。你是在哪裡弄到這枚金錢的？你今天一定是發現了地下的藏寶處了吧！」

起初，寡婦的兒子不肯說。國王用了種種刑罰拷打他，他堅持不下去，只好說：「我真的不是從地下的藏寶處中得到這枚金錢的。我母親告訴我，先父死的時候，口中含著一枚錢。我挖開墳墓，因此得到了這枚錢。」

難陀派了親信去驗證屬實後，他心裡暗自想道：「我先前蒐集一切寶物，想的是把這些財寶帶到後世。可是那個死人父親，一枚錢尚且帶不走，何況我這樣多的財寶呢？看來錢財只不過是身外之物罷了。」

感悟：

　　每個人赤裸裸來到這世上時，不會帶來一分錢；每個人去世時，也帶不走一分錢，即使陪葬物品眾多，也會在日後被人挖掘出來。金錢的本質是為生靈謀福祉，而不是為死者陪葬。

格言：

　　當你看見有人發財，成為富豪，用不著驚訝。他死的時候什麼也帶不走，他的錢財不能跟著進墳墓。

　　　　　　　　　——《舊約全書·詩篇》（*Old Testament: Psalms*）

生活的快樂不在於財富多少，金錢未必能買到悠閒享受

在一個美麗的海灘上，每天都有一位老人坐在固定的一塊礁石上垂釣。無論運氣怎樣，釣多釣少，老人只釣一小時，時間一到，便收起釣具，揚長而去。

老人的古怪行動引起了戴維的好奇。

一次，戴維忍不住問：「當你運氣好的時候，為什麼不一鼓作氣釣上一天？這樣一來，就可以滿載而歸了！」

「釣更多的魚用來幹什麼？」老者平靜地反問。

「可以賣錢呀！」戴維覺得老者傻得可愛。

「得了錢用來幹什麼？」老者仍平淡地問。

「你可以買一張網，捕更多的魚，賣更多的錢。」戴維迫不及待地說。

「賣更多的錢又幹什麼？」老者還是那副無所謂的神態。

「買一條漁船，出海去，捕更多的魚，再賺更多的錢。」戴維認為有必要替老者做好事前規劃。

「賺了錢再幹什麼？」老者已準備收竿了。

「開一家遠洋公司，不光捕魚，而且運貨，浩浩蕩蕩地出入世界各大港口，賺更多更多的錢。」戴維眉飛色舞地描述道。

「賺更多更多錢還能幹什麼？」老者的口吻已經明顯地帶著嘲弄的意味。

戴維被這位老者激怒了，沒想到自己反倒成了被問者。「你不賺錢釣魚幹什麼？」他反問道。

老人笑了：「我每天釣上一小時的魚，其餘的時間嘛，我可以看日出日落，種花草蔬菜，會見親朋好友，享天倫之樂，更多的錢於我何用？」說話間，已打點好行李走了。

感悟：

「採菊東籬下，悠然見南山」，幾千年前的古人已嚮往這種悠閒的生活。在物質極為豐富的當今社會，人們當然更知道應該怎樣享受生活。如果一味地忙於賺錢，那什麼時候才能感受到生活的快樂呢？

格言：

清心寡慾，其樂無比。

—— 愛德華‧戴爾（Edward Dyer）

演自己喜歡的角色，過自己喜歡過的生活

眾所周知，哈佛畢業的學生往往能獲得高薪，或是走向政界成為名人。同樣畢業於哈佛大學的梭羅（Henry Thoreau）卻不一樣，他選擇了大自然，選擇了瓦爾登湖（Walden）。他在

那裡搭起小木屋，開荒種地，寫作看書，過著原始而簡樸的生活。他在世 44 年，沒有女人愛他，沒有出版商賞識他，直到他得肺病去世。

前不久，美國梭羅博物館在網路上做了一次測試，題目是：你認為亨利·梭羅的一生很糟糕嗎？

調查統計顯示，絕大部分人認為梭羅的一生還是相當有意義的。這一結果大大出乎主辦單位的預料。為了弄清原因，梭羅博物館在網路上首先訪問了一位商人。

商人回答：「我從小就喜歡印象派大師梵谷（Vincent van Gogh）的繪畫，我的願望就是做一位畫家，可是為了賺錢，我卻成了畫商，現在我天天都有一種走錯路的感覺；梭羅不一樣，他喜愛大自然，就義無反顧地走向了大自然，他應該是幸福的。」

接著他們又訪問了一位作家。作家說：「我天生喜歡寫作，現在成了作家，我非常滿意。梭羅也是這樣，所以他的生活不會太糟糕。」

後來，調查者又訪問了其他一些人，比如銀行經理、飯店廚師以及牧師、學生和公務員。其中一位是這樣留言的：「別說梭羅的生活，就是梵谷的生活，也比我現在的生活值得羨慕。因為他們崇尚自由，他們都活在自己該活的領域，做著自己天性中該做的事，他們是自己真正的主宰，而我卻為了過上某種更富裕的生活，在煩躁和不情願中日復一日地忙碌。」

感悟：

　　扮演自己喜歡的角色，過自己喜歡的生活，就不要太在乎周圍人對你的評價，因為你不是活給別人看的。保持自己的本色，你才能活得自在瀟灑，無怨無悔。

格言：

　　每個人都扮演著一個自己選擇的角色，或者別人為他指定的生活中的某一個角色。

—— 皮藍德羅（Luigi Pirandello）

茅屋居住的大都是自由人，華堂居住的往往是奴隸

　　里蘭老街上有一個鐵匠鋪，鋪裡住著一位老鐵匠史密斯。由於再也沒人需要他打製的鐵器，現在他改賣鐵鍋、斧頭和拴小狗的鏈子。

　　每天，史密斯坐在門內，貨物通通擺在門外，不吆喝，不殺價，晚上也不收攤。你無論什麼時候從這裡經過，都會看到他在竹椅上躺著，眼睛微閉著，手裡拿著一臺小收音機，身旁是一只咖啡壺。史密斯每天的收入，剛好夠他喝咖啡和吃飯。他老了，已不再需要多餘的東西，因此他感到非常滿足。

一天，一個古董商人從老街上經過，偶然間看到史密斯身旁的那只咖啡壺——古樸雅緻，紫黑如墨，有製壺名家的風格。他走過去，順手端起那只咖啡壺仔細觀看。

壺嘴處蓋有一個印章，果然是名家楊格製作的。商人驚喜不已，因為楊格在世界上有捏泥成金的美名，而現存的作品也寥寥無幾。

商人想以 10 萬美元的價格買下那只咖啡壺。當他說出這個數字時，史密斯先是一驚，之後拒絕了商人的請求，因為這只咖啡壺是他爺爺留下來的，他們祖孫三代打鐵時都喝這只咖啡壺裡的咖啡，他們的血汗也都來自這只咖啡壺。

咖啡壺雖沒賣，但商人走後，史密斯有生以來第一次失眠了。這只咖啡壺他用了近 60 年，並且一直以為是一只普普通通的咖啡壺，現在竟有人要以 10 萬美元的價錢買下它，他腦子一時間轉不過來。

過去史密斯躺在椅子上喝咖啡，都是閉著眼睛把咖啡壺放在小桌上，現在他總要坐起來再看一眼，這讓他非常不舒服。更糟的是，當人們知道他有一只價值連城的咖啡壺後，許多人蜂擁而來，有的問還有沒有其他的寶貝，有的甚至開始向他借錢。更有甚者，有小偷也來光顧他家的門。他的生活被徹底打亂了，他不知該怎樣處置這只咖啡壺。

當那位商人帶著 20 萬美元現金第二次登門的時候，史密斯再也坐不住了。他召來左右店鋪的人和前後鄰居，當眾把那只咖啡壺砸了個粉碎。

現在，史密斯還在賣鐵鍋、斧頭和拴小狗的鐵鏈子，今年他已經 102 歲了，仍和過去一樣悠閒地生活著。

感悟：

　　對於真正享受生活的人來說，任何自己不需要的東西都是多餘的，這其中也包括金錢。因此，別讓不需要的東西打亂自己的生活才是智者的選擇。

格言：

　　茅草鋪頂的寒舍裡居住著自由人，金雕玉砌的華堂裡居住著奴隸。

—— 塞內卡（Lucius Seneca）

回到心靈深處，平淡即是幸福

　　一位事業有成的企業家，當他達到成功的巔峰時，突然覺得人生無趣，專程來到寺廟向高僧請教。

　　高僧告訴忙碌的企業家：「魚無法在陸地上生存，你也無法在世界的束縛中生活，正如魚必須回到大海，你也必須回歸安息。」

　　企業家無奈地回答：「難道我必須放棄一切的事業，進入山裡修練？」

高僧說：「不！你可以繼續你的事業，但同時也要回到你的心靈深處，你會在那裡找到平安與樂趣。」

一對年輕夫妻各自都有一份不錯的工作，還有一個活潑可愛的兒子，在別人看來，他們一家簡直是幸福無比。然而，小夫妻經常為一些瑣事爭吵不休，比如妻子嫌丈夫不愛做家務事，而丈夫又說妻子不夠溫柔。發展到後來，他們都厭惡對方，甚至想過離婚。

一天，年僅八歲的兒子忽然昏倒，送去醫院檢查，結果令他們大吃一驚：兒子得了白血病！他們拿著診斷書目瞪口呆，無論如何不肯相信眼前的事實。

他們忘記了爭吵，每天公司、醫院、家裡來回跑，但是兩年後，兒子還是離他們而去。

在臨終前，兒子對父母說的話令他們終身難忘：

「爸爸，媽媽，我知道我得的是絕症，你們不要再為我浪費錢了。但我要告訴你們：我最幸福的日子是最後這兩年，因為我再也沒聽到你們吵架。我希望你們永遠相愛，永遠不要吵架。」

感悟：

　　幸福是什麼？幸福是平安，是和睦美滿。珍惜生命，善待自己，承擔生命裡應該承擔的那份責任，生命才更有意義。而在生活的一點一滴中，都滲透著生命的意義，只是很多人沒有發現。

> 格言：
>
> 　心中安寧，幸福臨門。
>
> 　　　　　　　　── 西塞羅（Marcus Cicero）

黃金雖然珍貴，但人生最美好的東西與它無關

　　古代有一個國王，有滿屋子的金銀財寶，十分富有。可是他貪得無厭，還想得到更多的金錢。為此，他終日煩悶。

　　一天，有個金仙子出現在國王面前，對他說：「國王陛下，您怎麼樣才會快樂呢？」

　　國王不假思索地說：「我要有一隻金手指，只要我的金手指隨便一碰觸，任何東西都可以變成金子，那我就滿足了，就會快樂起來。」

　　「您真的想要一個金手指嗎？我希望您再考慮一下。」金仙子說道。

　　「不用考慮了，這是我一生中最大的夢想，只要有金手指，我的夢想就能實現，我就會很快樂！」國王說。

　　於是，金仙子就把國王的右手食指變成了一隻金手指。國王隨意一指任何東西，它們就都變成金子了。他睡覺的床、他坐的椅子、他的房屋，全都金碧輝煌。這樣一來，國王滿足了，他高興得合不攏嘴。

　　國王快樂地跑到花園，聞到陣陣花香，就順手摘朵花來聞。可是，手一碰到花朵，花朵立刻變成金花，不再有香味！

　　國王又走到餐廳，聞到誘人的飯菜香味，就饞涎欲滴地想飽餐一頓。可是當他拿起盤中雞腿時，雞腿瞬間變成金雞腿。正當國王垂頭喪氣時，他最疼愛的小公主跑了進來，國王很高興地抱起可愛的小女兒，但手指剛接觸到小公主，小公主立即變成了一尊金像。

　　國王大怒：「混帳，這是什麼金手指，居然把我的女兒都變成金人！」

　　國王想讓金仙子把他的手指變回去，可再也找不到金仙子的蹤影了。一天天過去了，國王飢餓無比，誰也無法親近。他雖然是世界上擁有最多金錢的人，但他卻非常痛苦。

感悟：

　　許多人的金錢慾望永遠得不到滿足，他們總為得到更多的錢而奔忙，煩惱不已。這樣的人，什麼時候才能快樂呢？如果總是貪得無厭，永遠也不會快樂。金錢再多，也不能代替快樂。

格言：

　　人生中最美好的東西是不要錢的。

　　　　　　　　　── 克利福德・奧德斯（Clifford Odets）

愛他，就不要留下太多金錢給他

《富比士》（*Forbes*）雜誌封面上，有這樣一幅畫面：穿戴考究、事業有成的父親正將裝滿鐵鋸、扳手、槌子的工具箱交給他的小女兒，孩子尚未成年，舉起雙手接過箱子。《富比士》雜誌在對全美大企業總裁們調查後得出的結果是：現在的有錢人似乎更願意給孩子們工具箱，而不是萬貫家財。

億萬富翁約瑟·約伯告訴女兒：「因為太愛你們了，所以決定不給你們留下太多的錢。」

據英國報紙報導，美國最大的有線電視公司、遠程通訊公司（TCI）董事長約翰·馬隆（John Malone），將他 15 億美元遺產的超過半數捐給慈善事業。他說：「太多的財產會毀了孩子們。」

電腦奇才比爾蓋茲雖然位列世界首富，卻於 1997 年宣布：「不會給剛出生的女兒珍妮佛留多少遺產。」

美國第二大富翁華倫·巴菲特（Warren Buffett）也不留給三個子女遺產，就是為了讓子女們自立，他說：「我死後，不會給他們一分錢。如果他們得到錢財，就是他們走運。」

英國房地產開發商彼得·德薩瓦里（Peter de Savary）1997年宣布，他死後，他的五個女兒不能繼承他價值 2,400 萬英鎊的房地產。

感悟：

　　對兒女的愛是世間最無私的愛，父母都希望自己的孩子生活得幸福快樂。那麼，父母應給孩子留下什麼？故事中的人們已經給出了答案。

格言：

　　金錢萬能同時又並非萬能，它遺禍人間，破壞家庭，最終毀滅了擁有者自己。

—— 普希金（Alexander Pushkin）

坐在別人肩頭摘到的蘋果，沒有多少味道

　　一天，大仲馬（Alexandre Dumas）得知他的兒子小仲馬（Alexandre Dumas fils）寄出的稿子總是碰壁，便對小仲馬說：「如果你能在寄稿時，附上一封給編輯先生的短信，或者只寫一句話，說『我是大仲馬的兒子』，或許情況就會好多了。」

　　小仲馬固執地說：「不，我不想坐在你的肩頭上摘蘋果，那樣摘來的蘋果沒有味道。」年輕的小仲馬不但拒絕以父親的盛名做自己事業的敲門磚，而且不動聲色地給自己取了十幾個其他姓氏的筆名，以避免那些編輯們把他和大名鼎鼎的父親連繫起來。

面對那一封封冷酷而無情的退稿信，小仲馬沒有沮喪，仍在不動聲色地堅持自己的創作。

長篇小說《茶花女》（*The Lady of the Camellias*）寄出後，終於以其絕妙的構思和精彩的文筆震撼了一位資深編輯。這位編輯曾和大仲馬有著多年的書信來往。他看到寄稿人的地址和大作家大仲馬的完全吻合，懷疑是大仲馬另取的筆名，但作品的風格卻和大仲馬迥然不同。帶著這種興奮和疑問，他迫不及待地驅車造訪大仲馬家。

令他大吃一驚的是，《茶花女》這部偉大的作品，作者竟是大仲馬名不見經傳的年輕兒子小仲馬。

「您為何不在稿子上署上您的真實姓名呢？」老編輯疑惑地問小仲馬。

小仲馬說：「我只想擁有真實的高度。」

老編輯對小仲馬的做法讚嘆不已。

《茶花女》出版後，法國文壇書評家一致認為這部作品的價值大大超越了大仲馬的代表作《基度山恩仇記》（*The Count of Monte Cristo*）。小仲馬一時聲名鵲起。

感悟：

　　別人的盛名也許一時能助你成功，但不能一生一世助你成功。如果沒有真才實學，遲早會被社會遺忘。唯有真實的才能，真實的付出，才能得到社會真正的認可，也才能展現出一個人的高貴和尊嚴。

> 格言：
>
> 名望可能會取得一時的實際價值，但死後一文不值。
>
> —— 喬治・桑塔亞那（George Santayana）

不該時時看緊荷包，應該處處慷慨解囊

著名愛國華僑陳嘉庚先生家財萬貫，在他生活的年代算得上富翁。他為中國的教育事業捐款達數億元。此外，在 1930、40 年代，他還為抗戰籌集了大批資金。

但是，陳嘉庚在生活上卻極其簡樸，令人難以理解。

當時，發電廠供電到晚上 10 點鐘就停止了。停電後，陳嘉庚就點蠟燭繼續工作，他用來做燭臺的是一個斷把破瓷杯。有人勸他買個燭臺，他卻不答應。

陳嘉庚的一把雨傘用了 20 年。傘布破爛，他就讓姪媳婦為他縫補。後來無法縫補時，他又讓姪媳婦買塊布來更換殘破的舊傘布。

他常說：「該用的錢，幾千幾萬都得花。不該用的，一分錢也不能浪費。」

擁有鉅額財產卻不張揚，對公益事業慷慨解囊，而個人生活卻保持儉樸，陳嘉庚真正做到了把錢花在該花的地方。

感悟：

　　許多百萬富翁，生活都十分儉樸，從不浪費一分錢。他
們對待金錢的態度，令人欽佩。他們知道金錢再多，也不能
用來自己享受，甚至於奢侈，應該合理運用。

格言：

　　那些知道正當使用金錢的人，只需要少量的（金錢）即可
過滿意的生活。

—— 史賓諾莎（Baruch Spinoza）

勤儉節約是窮人的財富，是富人的智慧

　　比爾蓋茲去參加一個特別隆重的會議，他的光臨引起了許
多嘉賓的興趣，很多人都想一睹這位世界首富的風采。大家紛
紛來到外面，迎接他的到來。

　　比爾蓋茲開車來到會場外，看到停車場到處都是車，一時
無法找到停車的位置，便在停車場裡繞來繞去。

　　比爾蓋茲在普通停車場裡轉來轉去，他的一個朋友看了很
著急，便跑過來問他：「那邊貴賓停車場的空位很多，你為什麼
要在這普通停車場轉來轉去呢？」

　　「那邊可比這邊貴一美元呢！」比爾蓋茲答道。

這時，過來一位記者採訪他：「像您這樣一個美國大富豪，會在乎這點錢嗎？別說一美元，就是幾千、幾萬美元又算得了什麼呢？」

比爾蓋茲嚴肅地說：「別說一美元，就是一角錢，在我沒沒無聞的時候，都會令我高興好幾天呢！」

華人首富李嘉誠也有過一個一塊錢的故事：

那時他在雨天外出，下車時不小心掉了一元硬幣，彎腰去撿，卻沒有撿到。這時，旁邊眼尖手快的服務生撿起了那枚硬幣，遞給了李嘉誠。李嘉誠接過一元硬幣，卻同時把一張百元大鈔塞給了服務生作為小費。

有人對此十分不解：這不是賠本生意嗎？李嘉誠卻說：「我給 100 元，那肯定是會對他有所幫助的，而掉了的一塊錢不撿起來，就浪費了。」

感悟：

一塊錢固然微不足道，但把許多個一塊錢匯集起來，就能形成不小的力量，它可以對一個人、一個企業產生不可估量的影響。如果沒有一點一滴的累積，哪來的富有？沒有勤儉節約的習慣，怎能成為富翁？

格言：

節約 —— 窮人的財富，富人的智慧。

—— 大仲馬

不要為金錢而工作，學會讓錢為自己工作

美國百萬富翁羅‧道密爾，是一個在美國工藝品和玩具業富有傳奇色彩的人物。道密爾初到美國時，身上只有 5 美元。他住在紐約的猶太人居住區，生活拮据，然而他對生活、未來卻充滿了信心。

一次，道密爾到一家生產日用品的工廠應徵，當時該廠只缺搬運工，而搬運工的薪資是最低的。老闆以為道密爾不會做搬運工，可道密爾卻答應了。

道密爾不但靠勤勞工作，比別人多付出努力學到了很多有用的東西，而且贏得了老闆的絕對信任。道密爾的週薪也由 30 美元一下子加到了 175 美元，幾乎是原來的 6 倍。可是這樣的高薪並沒有把道密爾留住，因為他知道這不是他的最終目標，他不想為錢工作一生。

半年後，他遞出了辭呈。老闆百般挽留，但道密爾自有他的想法，他按著自己的計畫矢志不渝地向著最終目標前進。後來他做起基層業務員，他想藉此多了解一下美國，想藉推銷所遇到形形色色的顧客，來揣摩顧客的心理變化，磨練自己做生意的技巧。

兩年後，道密爾建立了一個龐大的推銷網。當他做出成績後，每月有 2,800 美元以上的收入，成為當地收入最高的業務員。但是，他又出人意料地將這些辛辛苦苦開創的事業賣掉，去收購了一個面臨倒閉的工藝品製造廠。

從此，憑著在以前的工作中學到的知識和累積的經驗，道密爾改進了公司的每一項作業流程，對很多現存的缺點進行了一系列調整，人員結構、過去的定價方式都做了相應的變化。一年後，工廠起死回生，獲得了驚人的利潤。五年後，道密爾在工藝品市場上獲得了極大的成功。

感悟：

　　人不可能為錢工作一輩子，為錢而工作永遠不可能讓你真正富有。即使你現在有著不菲的收入，但你永遠不知道這樣的收入明天是否還會屬於你。轉變你的觀念，學會讓錢為自己工作，是你向成功邁出的第一步。

格言：

　　我絕對相信，在這個世界上，財富絕不能使人類進步。

—— 愛因斯坦

為實現遠大目標，必須放棄唾手可得的小錢

亨利從小家裡很窮，但他非常熱愛運動。他16歲時，就能夠壓碎一顆棒球，能夠以每小時90英里的速度扔出一個快速球，並且擊中足球場上移動著的任何一件東西上。他的高中教

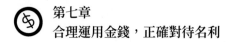
練是奧利·賈維斯，他不僅相信亨利，而且還教他怎樣自己相信自己。他讓亨利知道：擁有一個夢想和足夠的自信，會使自己的生活有怎樣的不同。

某年暑假，亨利找了一份工作，這意味著他將有錢和女孩約會，還可以買一輛新腳踏車和新衣服，還可以存錢為他的母親買一棟房子。這一切都存在極大的誘惑力，但是他如果去做這份工作，就必須放棄暑假的運動訓練。當他把這件事告訴賈維斯教練的時候，教練生氣了。

「你還有一生的時間去工作，」教練說：「但是，你練球的日子是有限的，你根本浪費不起！」

亨利低著頭，還想堅持去打工。畢竟，有錢可以讓他得到許多快樂。

「孩子，你做這份工作能賺多少錢？」教練問道。

「每小時 3.25 美元。」

教練繼續問道：「你認為，一個夢想就值一小時 3.25 美元嗎？」

這個問題，簡單的不能再簡單了，它赤裸裸地擺在亨利的面前，讓他看到了立刻想得到的某些東西和樹立一個目標之間的不同之處。

於是，亨利放棄了打工，全心投入到運動中去。同一年，他被匹茲堡海盜隊選中做隊員，並與他們簽訂了一份價值 2 萬美元的合約。後來，他在亞利桑那州立大學裡拿到了美式足球

獎學金，使他獲得了接受教育的機會；在全美國的後衛球員中，他兩次被公眾認可，並且在美國美式足球聯盟的選秀大會中，他排在了第七名。

1984 年，亨利與丹佛的野馬隊簽署了 170 萬美元的合約。他終於為他的母親買了一棟房子，實現了他的夢想。

感悟：

　　人的一生，常會因為目光短淺，為了唾手可得的小錢而放棄了遠大的目標，到頭來，卻發現自己一無所成。如果有一個目標，就要摒棄任何一時的誘惑，堅持不懈地去奮鬥，直到實現夢想。

格言：

　　要保持長遠的目光，必須暫時擺脫眼前的事情。

—— 尼克森（Richard Nixon）

第八章
愛情友情親情，讓情感花園四季如春

勇敢面對內心的卑怯，愛情就會悄悄降臨

瓊斯女士被一起生活了 20 年的丈夫無情地拋棄了。起初，她沉湎於自哀自憐，自尊心和自信心徹底瓦解。瓊斯渴望有人愛自己，但她知道自己一副失魂落魄的可憐相，不可能吸引任何一個男人。

一年以後發生的一件事，改變了她的外在形象。

一個總想著去做一次空中戶外運動的朋友試圖說服她同往。想到要從一架在高空飛行的飛機上跳下來，她嚇壞了。但是，她意識到自己需要某種挑戰。最終她去做了，出乎意料的是，她做得非常成功，並從此喜歡上了這種活動。

這次冒險經歷激發了瓊斯去尋找另一種體能挑戰。她選擇了攀岩，它同樣令她享受。透過進行冒險運動和正視自己的恐懼，她變得堅強了，她的自尊心和自信心也大大地提升了。她喜歡自己變成的這個「新人」，她還獲得了作為獨立個體的信心和勇氣。

當她甚至沒有心思去尋找愛情的時候，有一天，它卻悄悄降臨了。她遇到了一個樂觀、積極向上、事業有成，同時又感情豐富、體貼的男人。

「在我眼中，妳是世界上最美麗的女人。」他常對瓊斯這麼說。從來都沒有人給過她這麼高的讚美。

每次他們在一起，都感到快樂無比。他們之間的契合程度

不斷加深，在他們心中激盪的愛比瓊斯以往經歷的任何一種愛都要強烈。

很快，他們變得如此親密。瓊斯確信自己找到了生活中真正的幸福、滿足和最真摯的愛。

感悟：

　　面對內心的恐懼，人們往往出現兩種選擇：克服它和迴避它。克服恐懼之後，人會變得更成熟，而迴避恐懼，只能使自己被擊垮。相信自己可以，並勇敢地去做，就一定能成功。

格言：

　　對於意識到死並不可怕的人，生活中就不會有可怕的東西了。

—— 伊比鳩魯（Epicurus）

羞怯心理，有時會使人錯失良機

　　虹早就進入了渴望愛情的年齡，也早就有了意中人，可硬是讓一次次機會從身邊溜走了。如今，她已步入「大齡剩女」的行列。

　　還在念高中時，虹就看中了和她既同村又同班的同學小孫。小孫那運動員的體魄、詩人的氣質，磁石般地吸引著情竇初開的虹。一看到他，甚至一想到他，虹的心就怦怦跳。然而，由於學校的校規和升學壓力，虹只能把愛慕埋在心裡。

　　高中畢業後，他倆均未能考上大學。回鄉後，小孫不甘於考試失利，除了正常務農外，全力以赴地投入收集資料、學習寫作。

　　當虹從落榜的苦惱中解脫出來時，對小孫的渴求變得越來越強烈，但不知是那沉重得不可理喻的傳統觀念、封建思想在虹身上發生效應，還是她天生羞怯、膽小的性格在作怪，她一次次鼓足了勇氣，又一次次羞於啟齒。她想，這種事還是應該男的先開口。

　　小孫呢，雖然對虹也不無好感，但由於練習寫作入了迷，所以顯得很「遲鈍」，一點也沒有注意到虹的一些暗示。

　　就這樣，歲月一天天流逝。後來，小孫由於發稿數量多，並且有幾篇報導在全國性報刊上刊登獲了獎，一下名聲大振，獲聘為政府機關宣傳部的人員。

　　一天，27 歲的虹終於鼓足了勇氣，給小孫寫了封真情流露的告白信。

　　然而，一切都晚了，小孫已把他的愛給了另一位女孩。她叫雲，也是小孫的同學，就在小孫調入宣傳部後，她主動發起了進攻……

感悟：

　　克服羞怯的心理，雖沒有立竿見影的靈丹妙藥，但也不乏許多行之有效的方法。但關鍵是獨立「行走」！走向人群，走向社會，多和別人交流，特別是多和那些性格比較開朗的同齡人交往。克服羞怯，才能抓住成功的機遇，否則就會錯失良機。

格言：

　　膽怯是一切缺陷的根源，只要從內心消除了膽怯，那就沒有任何人可以奈何得了你們。

—— 普列姆昌德（Munshi Premchand）

堅強的男人，才能贏得愛情

　　有一個男孩愛上了一個女孩，他決定向女孩求婚，憑著百折不撓的精神，直到取得最後勝利。

　　第一次求婚，女孩拒絕了他。其實女孩是為了試探他是不是真心，也讓自己保持一些女孩的矜持。

　　而男孩卻哭了。男孩的眼淚讓女孩子突然間感到很失望。

　　女孩說：「你這麼脆弱，我怎麼敢嫁給你呢？」

　　男孩沒有動搖對女孩的愛意，一年後他第二次向她求婚。這時他「戒」掉了眼淚，變得很堅強。女孩子出於謹慎，又拒絕了他。

哪知男孩子「撲通」一聲跪在她面前，苦苦哀求。

　　女孩更加失望了，她說：「人生不知有多少比愛情更難征服的困難在等待你，你打算一輩子跪著做人嗎？你這麼不愛惜自己的尊嚴，我怎麼敢嫁給你呢？」

　　男孩仍然不死心，又過一年，他第三次向她求婚。這時的他覺得自己性格已像鋼鐵般有稜有角，隱隱柔情藏匿在俠骨之中。女孩為了對他做最後的考驗，又拒絕了他。

　　孰料男孩一下子從懷裡掏出一把匕首，寒光一閃，他的一根指頭已經離了身體，血汩汩地從他的斷指上流出，男孩絕望地咆哮 ——「妳答不答應？」

　　女孩對男孩徹底失望了。她對男孩說：「我花了三年的時間來啟發你，卻仍然沒能讓你真正地懂得愛情 —— 你連自己的身體都不愛惜，你還會愛我嗎？」

感悟：

　　想要得到別人的愛，首先要學會愛自己，不能動不動就以傷害自己的身體來威脅。男人必須堅強，才能讓柔弱的女性有安全感，才能贏得愛情。

格言：

　　女人需要的是一個堅強的男人，而不是一個處處依賴的懦夫。

—— 康諾·高思

別人的愛情模式，不一定適合自己

從前有兩個人相戀了。但是他們不知道該怎麼去愛，又很想兩個人能永遠在一起，所以，他們去請教別人。

有人告訴男人，要想和你的女人在一起，首先要有權力和金錢，這才是最重要的；也有人告訴女人，想要自己和男人永不分離，首先要管住他的錢，這樣才是幸福美滿的真理。

於是，男人決定去闖一番事業，女人也說要出去見見世面，他們約好兩個星期見一次面。

在離開女人的第一個星期，男人吃了一個星期的泡麵。每到吃飯時間，他就特別想女人，想和女人一起吃飯，一起聊天。可是，他沒有去找女人，因為他記著那句「男人要以事業為重，要有金錢和權力。」

在離開男人的第一個星期，女人在外工作，總是挨老闆罵。每到夜深人靜的時候，女人就特別想男人，想對男人說她每一天的經歷，傾訴心中的苦悶，想抱著男人放聲痛哭。可是，她沒有去找男人，因為她記得有人曾經對她說過，女人要有自己的事業，不能在男人面前表現得很沒用。母親也說過，女人要矜持，不能主動去找男人。

就這樣，他們在外面過了三年。男人在外面賺了很多錢，女人也有了自己的事業。女人記著「管住男人的錢」的話，每次回家，第一件事就是問男人賺了多少錢，男人第一件事則是

好好地享受女人為他準備的一切。漸漸地，男人覺得女人很膚淺，只喜歡錢；女人覺得男人很冷漠，不體貼女人。於是，他們把兩週一次的見面，改為了一月一次。

突然有一天，男人病倒了，沒有人照顧他，在昏迷中他一直叫著女人的名字。女人拋開一切來到男人的身邊，日以繼夜地伺候著男人，不停地在他耳邊說：「你說過要和我永遠在一起，我不能沒有你。」

在女人的照料下，男人的病終於好了。他們都把自己的真實感受告訴了對方。

最後，兩人決定放棄別人教給他們的生活方式，回到原來屬於他們的生活，只要能天天在一起，就算不能永遠，他們也不後悔。

30 年過去了，他們還是彼此相愛著。

感悟：

「幸福的家庭是相似的，不幸的家庭各有各的不幸」已是眾所周知的名言，實際上幸福的家庭也各有各的幸福，並不完全相同。別人的愛情模式不一定適合自己，千萬不可全盤接收。如果為了賺錢而長期分離，愛情遲早會冷卻。

格言：

短暫的離別會促進愛情，長久的分離卻會將它扼殺。

—— 聖埃弗雷芒

善意謊言的背後，是真愛和幸福

有這樣一個故事。

到中午該吃午餐的時間，一家小吃店進來一對中年夫婦，男的有一隻眼睛看不見了，身後背著一把二胡；女的是個盲人，在男人的攙扶下，摸索著坐了下來。

「大碗豆腐米粉，兩份。」男的將二胡靠在牆角。

剛坐下來，男的又起身去拿筷子，順便付了錢，又向店員說了幾句什麼。一會，米粉端上來了，卻是一大一小兩碗。男的仔細地將豆腐米粉攪碎、拌勻，然後將大碗遞給女的。

女的吃了兩口問：「你呢？」

「我也是豆腐米粉，大碗的，足夠了。」

「這種不是大碗的。」坐在旁邊的一個小孩忽然說。他一定以為，這個叔叔弄錯了，卻付了大碗的錢。中年男子並沒有抬頭，繼續低頭吃著。「叔叔，你吃的這種不是大碗的。」小男孩以為他沒聽見，重複道。

正吃米粉的女人停了下來，側著頭仔細辨別聲音的方向，她的臉輕輕地抽搐了一下。

吃完米粉，他們互相攙扶著走出了小吃店。

「今天吃得真飽。」男的說。

女的沉默了一會 ——「你不要騙我了，你吃的是小碗，你一直瞞著我。」女的失聲哭了起來。

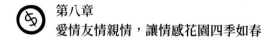
「我不餓，真的不餓，妳……妳別這樣，路人看了多不好……」男的有些手足無措，扯起衣袖為妻子擦淚。

感悟：

人們常感嘆愛情很難長久，但這對貧窮的盲人夫妻平凡的故事裡，不也正折射出無盡的愛和關懷嗎？哪怕是一句善意的謊言，背後卻藏著真愛和幸福。

格言：

愛神固然常常造訪亭臺樓閣，不過對於茅屋陋室也並不是拒絕降臨。

—— 薄伽丘（Giovanni Boccaccio）

真愛就是彼此相信，互相支持

1910 年，德威特·華萊士（DeWitt Wallace）想到一個辦雜誌的新做法，他計劃把一些濃縮的文章編輯在一起，命名為《讀者文摘》。他做了一份樣本，自以為已費了很大精力。之後，他抱著很大希望把它寄給全國多家雜誌社，然而沒有一封回信，這如同一盆冷水澆滅了華萊士希望的火花，他沮喪至極。

這時他遇見一位長老教會傳道人的女兒 —— 萊拉·貝爾·

艾奇遜（Lila Bell Acheson），不久兩人便墜入愛河。

　　萊拉相信華萊士的夢想，稱這是個「了不起的想法」，鼓勵他堅持下去。在她的支持、幫助之下，華萊士開始向可能的訂戶寄出徵求訂閱的信件。雖然，這時他的雜誌還未正式創辦。

　　1921 年 10 月，這對情侶喜結良緣。當兩人度完蜜月回到家時，發現信箱裡塞滿了來自全國各地的信件。這些信件無一例外地對華萊士的想法表示有興趣，使這對夫婦受到莫大的鼓舞。於是他們開始編輯第一卷第一期，並於 1922 年 2 月正式發行。華萊士把萊拉視為雜誌的共同創辦人、編輯和持有者之一。

　　這份小小的雜誌隨著歲月而成長，目前《讀者文摘》至少用十八種語言發行，並成為全世界最暢銷的雜誌之一。

　　華萊士曾說：「我認為是萊拉使《讀者文摘》得以問世。」

感悟：

　　愛的力量是無窮的，它可以使看似不可能的夢想得以成真，在對方陷入困境時給予鼓舞，相互扶持、共同前進，在夢想成真時共同分享成功果實的甘甜。

格言：

　　生活教會我們，愛情不在於彼此互相凝視，而在於共同朝一個方向往前看。

　　　　　　　　　—— 安東尼·聖修伯里（Antoine de Saint-Exupery）

愛展現於每一個生活細節裡，雖平淡卻完美

　　管委會要在所轄的街道內評選出一對最恩愛的夫妻。幾經篩選後，有三對夫妻入圍。於是，管委會通知這三對夫妻，叫他們週六的上午去管委會辦公室，參加最後的評比。

　　三對夫妻如約而至，他們一對對相擁著在管委會辦公室外的長椅上坐著，等待評委的召見。

　　評委將第一對夫妻請進了辦公室，叫他們說說他倆是如何恩愛的。妻子說，前幾年她癱瘓了，臥病在床，醫生說她能站立起來的可能性很小，她絕望得幾乎要自殺。但她的丈夫鼓勵她活下去，多方為她求醫，對她不離不棄，而且數年如一日照顧她，任勞任怨。在丈夫的關愛下，她終於又站了起來。她的故事十分感人，評委們聽了都為之動容。

　　隨後進來的是第二對夫妻，他倆說結婚十年，還從未臉紅耳赤吵過架，他倆一直相親相愛，相敬如賓。評委們聽了，暗暗點頭。

　　輪到第三對夫妻了，卻很長時間不見他們進來。評委們等得有些不耐煩了，就走出辦公室看個究竟。只見第三對夫妻仍然坐在門口的長椅上，男人的頭靠在女人的右肩上，已經睡著了。有一個評委當時就要上前喊醒那個男的，女的卻用手指放在唇邊做了個噓聲的動作，然後小心地從包裡抽出一張紙、一支筆，寫下一行字遞給評委。做這些的時候，她都是用左手做，而且動作輕柔，生怕驚醒了自己的丈夫，她的右肩一直紋

絲不動，穩穩地托著丈夫的腦袋。

評委們看那紙條，因為字是女人用左手寫的，所以字跡歪歪扭扭，但是大家還是看清了，上面是這麼一行字：別出聲，我丈夫昨晚沒有睡好。一個評委提起筆在後面續了一句話：但，我們要聽你們夫妻的講述，不叫醒你丈夫會影響我們的工作。女人接過紙，又用左手歪歪扭扭地寫下：那我們就不參加評比了，沒有什麼能比我丈夫好好地睡上一覺更重要的了。

評委們都很吃驚，這個女人為了不影響丈夫睡覺，居然放棄評比，真是有點本末倒置。但他們還是決定等待一段時間。

一個小時後，男人醒了。

男人被請進辦公室後，評委們便問他怎麼睡得這麼沉。男人不好意思地笑笑，說：「我家住一樓，蚊子多。昨晚半夜的時候我被蚊子叮醒了，這才發現家裡的蚊香用完了，半夜裡也沒地方買。我怕妻子再被叮醒，所以我就為她趕蚊子，後半夜就沒顧得上睡。」評委們聽了，愣了一下，一時間，大家都沒有作聲。

最恩愛夫妻評比的結果，管委會增加了兩個獎項，將第一對夫妻評為「患難與共夫妻」，第二對夫妻評為「相敬如賓夫妻」，而真正的最恩愛夫妻獎，卻給了第三對夫妻。

感悟：

兩個人結婚後，戀愛時的激情慢慢消退，鍋碗瓢盆，磕磕碰碰，浪漫不再有，隨之而來的是平淡。真正恩愛的夫妻卻在生活的每一個細節，注入濃濃的愛意，雖平淡卻完美。

> 格言：
>
> 婚姻是一本書，第一章寫的是詩篇，其餘則是平淡的散文。
>
> —— 貝弗利・尼科爾斯（Beverley Nichols）

真正的愛情，不在乎物質和生理的缺陷

心地善良的偉是個天生的啞巴，雖然能聽懂別人的話，卻說不出自己的感受。梅是偉的鄰居，一個自幼失去雙親、和外婆相依為命的女孩。在梅蹣跚學步的時候，偉就已是個 12 歲的大男孩了。她一直喊他哥哥。

他真像個哥哥，帶她上學，伴她玩耍，含笑聽她嘰嘰喳喳講話。雖然他只能用手勢和她交談，可她能讀懂他有多麼喜歡自己。而她也離不開這位善良的啞巴哥哥。

一晃十幾年過去了，梅長成了一位亭亭玉立的少女，她考上了大學。孤身一人的偉便開始拚命地賺錢，然後源源不斷地寄給梅。他認為，梅現在需要自己的幫助。而她從沒拒絕。終於她畢業了，開始出社會工作。有一天，她用手勢告訴他：「哥，我要嫁給你！」

偉先是一怔，而後轉身就跑，彷彿梅是一顆地雷，從此再也不肯見她，無論她怎樣哀求。她這樣說：「你以為我同情你嗎？想報答你嗎？不是，從 12 歲我就愛上了你。」可是，她得

不到他的回答。

有一天，梅突然住進了醫院。偉嚇壞了，跑去看她。醫生告訴他，她喉嚨裡長了一個瘤，雖然切除了，卻破壞了聲帶，今後可能再也講不了話了。病床上，她淚眼婆娑地看著他。

他們用手交流，終於，偉答應了梅的請求。於是，他們結婚了。

他們在無聲的世界裡共同生活了三十多年，期間，沒有人聽他們講過一句話。他們用手、用筆、用眼神交談，分享喜悅和悲傷。他們成了周遭情侶最羨慕的對象。人們說，那是一對多麼幸福的啞巴夫妻啊！

但愛情阻擋不了死神的降臨，終於有一天，偉撇下梅一個人去了另一個世界。人們怕她經受不住失去愛侶的打擊，紛紛跑來安慰她。這時，她收回注視他遺像的呆痴目光，突然開口講話：「愛人已去，謊言也該揭穿了。」

原來梅並不是一個啞巴！在場的人無不驚訝，繼而又對她多年來對愛的執著讚嘆不已。

從此，她不再講話，不久也離開了人世。因為她知道，偉在天堂等著她。但這對啞巴夫妻的愛情故事卻在人間廣為流傳。

感悟：

有一首歌這樣唱道：「我能想到最浪漫的事，就是和你一起慢慢變老。」真正的愛情，往往不在於物質和生理的缺陷，更重要的是心與心的交融。

> 格言：
>
> 　　互相信賴、尊重、真誠相待 —— 這才是真正愛情賴以建立的基礎。
>
> 　　　　　　　　　　　　　　　—— 納塞德金（Filipp Nasedkin）

距離是一種美，何必強求長相廝守

　　柴可夫斯基（Pyotr Tchaikovsky）和梅克夫人（Nadezhda von Meck）是一對相互愛慕而又從未見過面的戀人。

　　梅克夫人是一位酷愛音樂、有一群兒女的寡婦，她在柴可夫斯基最孤獨、最失落的時候，不僅給了他經濟上的援助，而且在心靈上給了他極大的鼓勵和安慰。她使柴可夫斯基在音樂殿堂裡一步步走向顛峰。柴可夫斯基最著名的《第四號交響曲》和《悲愴交響曲》都是為這位夫人而作。

　　他們從未見過面的原因並非他們兩人相距遙遠，相反地，他們的住所僅一片草地之隔。他們之所以永不見面，是因為他們怕心中那種朦朧的美和愛，在一見面後被某種太現實、太物質化的東西所代替。

　　不過，不可避免的相遇也發生過。

　　那是一個夏天，柴可夫斯基和梅克夫人本來已安排了他們

的行程：一個外出，另一個一定留在家裡。但是有一次，他們終於在計畫上出了差錯，兩個人同時都出來了，他們的馬車沿著大街漸漸靠近。

　　當兩架馬車相互擦身而過的時候，柴可夫斯基無意中抬起頭，看到了梅克夫人的眼睛。他們彼此凝視了好幾秒鐘，柴可夫斯基一言不發地欠了欠身子，梅克夫人也同樣欠身還了一禮，就命令馬車夫繼續趕路了。

　　柴可夫斯基一回到家就寫了一封信給梅克夫人：「原諒我的粗心大意吧！維拉蕾托夫娜！我愛妳勝過其他任何一個人，我珍惜妳勝過世界上所有的東西。」

　　在他們的一生中，這是他們最親密的一次接觸。

感悟：

　　純粹精神上的愛太超凡脫俗了，在當今，現實生活中的人們很難相信柴可夫斯基的精神戀愛。但把握好距離的尺度卻真是一門高超的藝術，我們要明白距離其實也是一種美。有時候兩個相愛的人無法在一起，就沒有必要強求長相廝守。

格言：

　　有人居然說，愛情在分別時就會減退，其實心愛之物得不到時滋味更加甜蜜。

　　　　　　　　　　　　　　　—— 迦梨陀娑（Kalidasa）

失戀，也並非全是壞事

西元 1883 年，天真爛漫的瑪麗（居禮夫人）中學畢業後，因家境貧寒沒錢去巴黎上大學，只好到一個鄉紳家裡去當家庭教師。

在這裡，瑪麗與鄉紳的大兒子卡西密爾相愛，在他倆計劃結婚時，卻遭到卡西密爾父母的反對。這兩位老人深知瑪麗生性聰明，品行端正。但是，貧窮的女教師怎麼能與自己家庭的錢財和身分相配呢？父親大發雷霆，母親幾乎暈了過去。卡西密爾屈從了父母的意志。

失戀的痛苦折磨著瑪麗，她曾有過「向塵世告別」的念頭。但瑪麗畢竟不是平凡的女人，她除了個人的愛戀，還愛科學和自己的親人。於是，她放下情緣，刻苦自學，並幫助當地貧苦農民的孩子學習。

幾年後，瑪麗又與卡西密爾進行了最後一次談話。卡西密爾還是那樣優柔寡斷，瑪麗終於砍斷了這根愛戀的繩索，靠幾年來的積蓄去巴黎求學。

在巴黎，瑪麗勤奮學習，很快就在學術上脫穎而出。後來，瑪麗與學術夥伴皮耶・居禮（Pierre Curie）結了婚。從此居禮夫婦不僅成為生活上的伴侶，而且更是事業上的伴侶，為世界科學做出了傑出貢獻。

後來，有人稱居禮夫人年輕時的那次失戀是一次「幸運的

失戀」。因為如果沒有這次失戀，居禮夫人的歷史將會是另一種寫法，世界上就會少了一位偉大的科學家。

感悟：

　　大談特談「塞翁失馬，焉知非福」、「失之東隅，收之桑榆」也許太過高調、太過宿命，但我們確實不應該因為一時之失破壞了自己的心理平衡，影響自己的進取心或導致更多的損失；同時，我們不應該被動等待事物的轉變，而要主動介入其中，促使事物朝向於我們有利的方向發展。

格言：

　　一切都是暫時的，一切都會消逝；讓失去的變為可愛。

—— 亞歷山大‧普希金

相愛的人，不應輕易猜疑對方

　　小麗很快就要與男友結婚了。聽到這一消息後，小麗的前男友小王嫉恨無比。晚上，他獨自一個人到小飯館裡喝了一個晚上的酒。但是酒後的他不是老老實實地躺在家裡睡覺，而是開始思索如何報復一下這一對新人。

　　第二天，恰巧小麗男友的朋友有事要找小王，兩個人談起

了小麗他們的婚事。小王趁此機會，有意要他們難受，就故作神祕地向小麗男友的朋友說起了自己以前與小麗談戀愛時的事。他有意含糊其辭，暗示自己曾與小麗發生過男女關係。

結果沒有幾天，小麗的男友便知道了此事。此人也是個思想特別傳統的人，聽說此事後，對小麗破口大罵，小麗急得指天為誓，但男友完全不信。小麗追問消息來源，並逼男友的朋友與小王當面對質。

小王陰陽怪氣地說一句：「妳的左腿內側是不是有一塊黑痣？」然後轉身就要離去。

小麗一聽，氣得哇哇大叫，自己的黑痣他是怎麼知道的？就要衝上去與他拚命。但是，小王一轉身就走了。小麗的男友也拂袖而去。

小麗此時是有口難辯，有苦難言。當天晚上便服毒自殺了。

後經法醫檢驗，小麗是清白的，她所謂的黑痣，經警方人員調查，是小麗的一個女友無意中說出來的，被小王聽去後，用於策劃了這起事件。此時，小麗的男友已經後悔莫及。

感悟：

兩個人既然相愛，應該相互信任。如果輕信別人的詆毀，而對自己所愛的人產生懷疑，就會造成難以挽回的後果，到手的幸福也會被斷送。

格言：

　猜疑不僅是幸福而且也是德行的大敵。

—— 山繆‧詹森（Samuel Johnson）

面對感情出軌行為，應該理智

　　法國小說家呂西安‧里歇和妻子感情很好，呂西安所有的小說都由妻子來排版印刷。

　　但是有一天，一個名叫奧爾嘉的女人闖進了他們的生活。奧爾嘉提出了一個呂西安很不願意正視的問題：她要跟他結婚。

　　要想與奧爾嘉結婚，就意味著要與他的妻子離婚。可是，他與妻子結婚畢竟有 20 多年了。這可怎麼說出口啊？！

　　不過，小說家畢竟是小說家。他很快就想出了一個相當妙的主意。他先編了一個故事，將自己與太太的戀愛及 20 多年的婚姻生活全部寫了進去。在小說的最後，他想像了一個結尾：那對夫妻離了婚，妻子走開了，獨自來到了一座森林中的小屋裡，在這裡過上了安靜的日子。妻子在臨走前一滴眼淚也沒有流，因為，兩個人婚姻裡畢竟已經沒有了以前那種令人怦然心動的東西了。不過，在妻子臨走前，他還是給了妻子一大筆金錢……

　　當這天早上他把這份手稿交到妻子的手裡時，他的心裡還

有些惴惴不安。晚上，他回到家裡時，心裡還在想著妻子會怎麼對待他。但是，當他進門後卻發現，一切都還跟原來一樣。妻子的臉上一點也沒有看懂他的意思的樣子。

怎麼？難道她沒有看懂？還是她沒有排版？

「稿子妳排版好了沒有？」

「排好了，已經送往《里昂晚報》編輯部了。」

「哦……」那為什麼她沒有一點動靜呢？呂西安獨自猜測著。

幾天後，呂西安的小說在晚報上發表了。呂西安把小說又讀了一遍。這一下，他恍然大悟了。原來，是他的妻子將故事結尾做了一個較大的改動：既然丈夫提出了這個要求，夫妻倆還是離了婚。可是，那個在結婚 20 多年後依然對她的丈夫保持著純真愛情的妻子，在自己前往森林的路上，因過度憂鬱而死去了……

呂西安一下子被震驚了，他產生了極大的罪惡感，後來他決定與奧爾嘉一刀兩斷。當然，直到他死，他也沒有向他的妻子說過自己曾經產生過離婚的想法。

感悟：

聰明而又豁達的妻子，巧妙地、沒說一句話就把自己的丈夫從別人身邊拉了回來。因此，對於婚姻基礎牢固的夫妻，用理智和緩的態度去處理配偶偶爾的越軌行為，遠比大吵大鬧高明得多。

既然相愛過，就不要互相仇恨

法國作家維克多·雨果（Victor Hugo）17 歲那年，與門當戶對、年輕貌美的阿黛兒·富謝（Adele Foucher）訂婚，20 歲時兩人結婚。兩人情投意合，婚後生活很是幸福，曾招來無數羨慕的目光。阿黛兒是個畫家，為雨果生了三男兩女。照常理推斷，這應是個幸福的家庭，可是到了西元 1832 年，也是雨果婚後的第十年，阿黛兒突然另結新歡，追隨一位作家而去。這使雨果一度懊惱、痛苦不堪。

次年，他結識了女演員朱麗葉·德魯埃（Juliette Drouet），兩人墜入愛河，這才使他那顆傷痛的心得到撫慰。

但阿黛兒離開雨果後，生活並不幸福，經濟一度很拮据，幾乎到了舉步維艱的地步。為了生存，有一次她精心製作了一只鑲有雨果、拉馬丁（Alphonse de Lamartine）、小仲馬和喬治·桑（George Sand）四位作家姓名的木盒，到街頭出售，可是因為要價太高，很多天無人問津。後來，雨果看見了，就託人過去悄悄地買下來，這只木盒仍陳列在巴黎雨果故居展覽館裡。

275

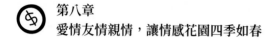
盧梭（Jean-Jacques Rousseau）在《懺悔錄》（*Confessions*）裡也寫過一個情節：

盧梭 11 歲時，在舅父家遇到了剛好大他 11 歲的德·菲爾松小姐，她雖然沒有很漂亮，但身上特有的那種成熟女孩的清純和靚麗還是深深地吸引了盧梭。她似乎對盧梭也很有好感。很快，兩人便轟轟烈烈地像大人般談起戀愛。但不久盧梭就發現，她對他所謂的「戀愛」只不過是為了激起另一個她暗戀的男人醋意 —— 用盧梭的話說「只不過是為了遮掩一些其他的勾當」時，他年少而又過早成熟的心便充滿了一種無法比擬的氣憤與怨恨。他發誓再也不見這個女子。

可是，20 年後已享有極高聲譽的盧梭有一次回故里探親時，竟在湖上不期然地看到了離他們不遠的一條船上的菲爾松小姐，她衣著簡樸，面容憔悴而又黯淡。

盧梭想了想，還是讓人悄悄地把船划走了。他寫道：「雖然這是一個相當好的復仇機會，但我還是覺得不該和一個 41 歲的女人算 20 年前的舊帳。」

感悟：

　　時間的流水可以帶走很多東西，喜、怒、哀、樂都會隨之而去，但永遠抹不去曾經的真愛在心靈上留下的溫馨、美好與感動。相愛過的人，無論因為什麼原因分手，都不應互相仇恨，或報復對方。

> 格言：
>
> 　情場失意，不可以報復。
>
> 　　　—— 米格爾‧德‧塞凡提斯（Miguel de Cervantes）

海內存知己，天涯若比鄰

　　春秋時期，伯牙是當時最擅彈琴的人，然而知音難覓，他終日彈琴，無人賞識。

　　一日，遇到鍾子期，子期聽到伯牙的琴聲，激越之處，便說巍巍乎志在高山；當聽到琴聲迴轉千疊處，便說蕩蕩乎志在流水。兩人於是成為莫逆之交。

　　後來，子期因病而死，伯牙悲嘆沒有了知音，便摔斷他珍愛的琴，誓不再彈。

　　與此類似，管鮑之交也被人稱道。

　　春秋時代，管仲和鮑叔牙一起做生意，管仲拿出的本錢少於鮑叔牙，而分錢時，管仲多取一倍，鮑叔牙知道他家裡貧窮，不認為他貪財；

　　管仲曾經為鮑叔牙出主意辦事，結果事情辦砸了，鮑叔牙不認為他愚笨，而認為是客觀條件不利；

　　管仲三次當官，又三次被罷免，鮑叔牙不認為他沒出息，而

277

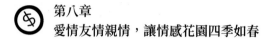

是認為他沒有遇到好機緣；管仲三次作戰，三次敗北，別人笑他膽小，鮑叔牙說管仲不是害怕，而是要留下性命奉養老母親；

公子小白與管仲有「一箭之仇」，小白當了國君後，鮑叔牙為管仲說好話，並推薦他當了齊國的宰相，自己甘當管仲的副手。

所以管仲深有感觸地說：「生我者父母，知我者鮑叔牙也。」

感悟：

　　世界這麼大，每個人的心性、品行都有不同，若能遇上知己，的確是人生的幸福。知己朋友，志趣相投，彼此理解，不因利益起紛爭，互相支持、幫助。人生得一知己，足慰平生。

格言：

　　人生得一知己足矣，斯世當以同懷視之。

—— 魯迅

危難中不離不棄的朋友，才是真正的朋友

魯迅與瞿秋白相識後，志趣相投，成為一對好朋友。兩人為推動革命文化運動曾並肩戰鬥，友誼也日益堅固。

在白色恐怖中，瞿秋白曾避難於魯迅家中。後來魯迅為瞿秋白妥善安置了住處，讓他用自己的筆名發表雜文。

瞿秋白寫下了《魯迅雜感選集》序言，對魯迅的雜文給予了很高的評價。瞿秋白英勇就義時，魯迅為了悼念他，堅持抱病為亡友編印《海上述林》。

赫胥黎與達爾文也是在科學鬥爭中相交相知的。

西元 1850 年代，達爾文把剛出版的《物種起源》寄給了正在倫敦礦物學院擔任地質學教授的赫胥黎。

赫胥黎認為此書很有價值，預感到此書將掀起軒然大波。他回信給達爾文，熱烈讚揚這部著作，並說：「我正在磨利爪牙，以備來捍衛這一高貴的著作」，必要時「準備接受火刑」。

達爾文的演化論與基督教的《創世紀》（*The Book of Genesis*）是水火不容的。達爾文把自己的《物種起源》稱為「魔鬼的聖經」，正表明了他對宗教的挑戰。神學家們看到他的著作，也確實像見到「魔鬼」一樣恐懼和憎恨。

在這場激烈的鬥爭中，赫胥黎甚至站在達爾文前面驕傲地宣稱：「我是達爾文的鬥犬。」

為此，赫胥黎受到宗教狂徒的攻擊。赫胥黎總是輕蔑地回答：「是啊，盜賊最害怕嗅覺靈敏的獵犬。」為了捍衛達爾文的學說，赫胥黎在以後的 30 年間，甚至改變了自己的學術研究方向，轉而研究脊椎動物化石。

感悟：

　　俗話說：「患難見真情」，苦難是交友的試金石。患難之交大多都是長久的、真正的朋友。在危難中不離不棄、並肩戰鬥的朋友，才是真正的朋友。

格言：

　　只有在患難的時候，才能看見朋友的真心。

——伊萬·克雷洛夫

朋友相知相交，不應太在意社會地位

　　德國作曲家貝多芬成名早，名氣很大，而奧地利作曲家舒伯特（Franz Schubert）卻一生坎坷，連餬口的職業也找不到。兩人社會地位相差如此懸殊，所以同在維也納，卻未曾見過一面。

　　一次，舒伯特帶了自己的一冊作品去拜訪貝多芬。不巧，貝多芬外出了。舒伯特只好留下自己的作品，悵然而歸。

　　貝多芬回家後就臥床不起。一天，病勢稍減，友人順手拿起桌上的一冊樂譜讓他消遣。

　　貝多芬略一翻閱，就驚呼：「這裡有神聖的閃光！是誰作的？」

友人告訴他，是舒伯特的作品。

這位友人又把貝多芬的評價轉達給舒伯特。舒伯特立即奔到貝多芬的床前，兩位音樂偉人終於相見了。

貝多芬深情地握著舒伯特的手喊道：「我的靈魂是屬於你的！」

不久，貝多芬就逝世了！舒伯特哀痛欲絕，親舉火炬為知音送葬。

第二年，舒伯特也離開了人世。臨終前，他向自己的親友提出了一個願望：「請將我葬在貝多芬的旁邊。」

在華靈公墓的墓地裡，兩位偉大的音樂家結伴長眠。

感悟：

　　如果兩個人志趣相投，互相欣賞對方，有意結交成朋友，就不應該太在意對方的社會地位。地位的高低，不能成為交友的障礙。

格言：

　　不挾長，不挾貴，不挾兄弟而友；友也者，友其德也，不可以有挾也。

—— 孟子

相互之間批評指正，才是友誼的根本所在

晉代的祖士言是個大棋迷，酷愛下棋。當時時局混亂，他「有志不得酬」，心情極其苦悶，於是便沒日沒夜地沉浸在棋局之中。

祖士言有一個好朋友叫王叔處，屢次在他下棋的興致正高時嚴厲地指責他，甚至毀掉他的棋局，苦口婆心地用「禹惜寸陰」的古訓來規勸他。祖士言以無事可做來對答，王叔處又為他出謀劃策，說他身處京都，遊歷四方，文筆又好，完全可以記述歷史、告之後人，為後代留下寶貴的資產。

在好友的勸誡下，祖士言果真開始閱覽文史典籍，為後世留下了歷史潮流的印記，算是立言於世，功成名就。

唐代大文學家韓愈也有一個好友 —— 張籍。他們感情很好，「出則連轡馳，寢則對榻床。搜窮古今書，事事相酌量」。

韓愈文名遠播，官居顯職，趨炎附勢的人很多，一片讚美之聲，自己也免不了「飄飄然」起來了。可是，張籍卻給他大潑冷水，每逢有信給他，總能指出他的缺點，尤其是韓愈不謙虛和喜歡賭博的毛病。

韓愈在好友的勸誡下，意識到了自己的不足，表示誠心悔改，在各方面果然大大進步。後來，韓愈自己也感嘆，幸虧有張籍，否則自己定會飄飄然下去，一事無成。

感悟：

　　朋友有好多種，奉承、討好我們的並不一定是好朋友，批評、指斥我們的並不一定是壞朋友。朋友間互相指正批評，坦誠相待，便會共同進步；若是曲意奉承逢迎，於己於友都無益處。像王叔處、張籍這樣的諍友，他們對朋友的規勸，不僅無損於友誼，而且使朋友百尺竿頭，更進一步，獲益匪淺。

格言：

　　益者三友，損者三友。友直、友諒、友多聞，益矣；友便辟、友善柔、友便佞，損矣。

—— 孔子

不論年齡差別，都可相交為摯友

　　三國時，東吳元老程普自恃資歷高、年紀長，多次欺辱周瑜。

　　周瑜雖然備受孫權寵信，官大權大，卻沒有以勢壓人，對此毫不計較，始終折節容下，以共同保衛國家。久而久之，便贏得了程普的敬服，使他們之間的關係不但沒有破裂，反而比以前更有長進。

用程普自己的話講：「與周公瑾交，若飲醇醪，不覺自醉。」意思是說，與周瑜交朋友，就像飲了美酒一樣，不自覺地就醉了。

　　古人如此，今人也不乏忘年交的例子。

　　93 歲的國民黨元老陳立夫先生和福州英華英語學校 14 歲的女學生陳立是一對忘年交，兩人雖處海峽兩岸，卻以爺孫相稱，經常通信。

　　陳立第一次知道陳立夫的名字是在 1988 年 9 月 7 日的《人民日報》上，因為「陳立夫」比「陳立」多了一字，所以印象很深。

　　1991 年春節前夕，臺灣學者陳大絡到中國大陸探望陳立的父親。陳立便突發奇想，畫了幅水仙花請陳立夫先生題字，託陳大絡捎回臺灣。

　　不久，陳立便收到陳立夫的回信和題款後寄回的畫。陳立夫先生在信中還希望陳立寄給他一張照片。

　　從此，他們一直書信不斷。陳立現已收到陳立夫先生的 25 封信和 28 件字畫，以及陳立夫先生的彩色照片。

感悟：

　　許多人不計年齡差距，不分長幼輩分而結交為朋友，這種便是忘年之交。忘年之交可互相學習，年長的向年輕的學新知識、新技能；年輕的向年長的學道理、學經驗，兩者取長補短、共同進步。

> 格言：
>
> 人生交契無老少，論交何必先同調。
>
> —— 杜甫

道不同，不相為謀

三國時期，管寧和華歆曾是一對要好的朋友。

有一次，兩人共同在菜園裡鋤地，突然金光一閃，泥土中翻出了一片黃金。

管寧視黃金如石塊一般，仍然不停地揮鋤；華歆卻心中一動，拾起金塊，端詳了一陣才戀戀不捨地扔掉。

又有一次，他們兩人正坐在席上讀書，忽然外面鼓樂喧譁，有位達官貴人乘坐華麗的馬車經過門前。

管寧彷彿沒有聽見一樣，仍埋頭讀書。

而華歆呢，連忙丟下書本，跑到街上去看了。

當華歆從街上回來的時候，管寧用刀子把席「嘩」地一分為二，說道：「從今以後，你再也不是我的朋友了。」

與管寧如出一轍，嵇康也是斷然絕交的典型。

司馬昭專權時，嵇康與魏宗室有姻親關係，但因不肯投靠司馬氏，為司馬昭所忌。

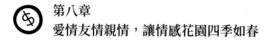

　　山濤（字巨源）本與嵇康是朋友，他們都是竹林七賢裡的人物。山濤後來投靠了司馬昭，由選曹郎調升散騎常侍。他明知嵇康與司馬氏的矛盾，卻推薦嵇康接他的選曹郎原職。這分明有代司馬昭收買嵇康的意思。

　　當時司馬氏篡魏之勢已很明顯，嵇康在政治上與司馬氏處在對立地位，所以回信拒絕，並因此與山濤絕交。他這封書信的題目，就叫〈與山巨源絕交書〉。

感悟：

　　如果朋友間思想志趣截然不同，在做人做事上大相逕庭，那麼，互相之間就沒有了共同語言，甚至互相看不慣。久而久之，便會產生矛盾和紛爭，這樣的朋友，還是早日分道揚鑣為好。

格言：

　　道不同，不相為謀。

—— 孔子

父愛的力量，可以使人勇氣倍增

在辦公室工作一整天後，年輕人極度疲憊，他只想回家好好休息，準備第二天的工作。

走向電梯時，他突然聽見尖叫聲，看見黑煙和火焰如波浪般在走廊出現。各種念頭接連閃過他的腦際，他意識到：這棟大樓失火了，而自己專心工作，之前一點也沒有察覺到。他驚慌地向四周一望，走廊裡黑煙鋪地，幾乎什麼也看不見，火焰也離自己越來越近。恐懼抓住了他，「我在六樓上面，絕對無法下去，我會死掉。」

照他看來唯一的生路 —— 走廊，已被火焰吞噬，根本不可能通行。

他聽見消防車的警鈴聲，他強迫自己冷靜下來，想起辦公室旁邊是一排高大的窗戶，他一面咳嗽，一面搖晃著走向窗戶，企圖趕快逃離。

但當他往下看，只見一道煙幕遮蓋著地面。透過火焰和煙霧，他明白一批群眾已經聚集在下面，連同消防員一起，他們都在向著他喊：「跳下來！跳下來！」

年輕人覺得自己被恐懼所籠罩。從六樓上往下看，發現人們都顯得那樣小。他想：「從這麼高的地方跳下去，不死也只剩下半條命，還不如燒死在樓上呢！」

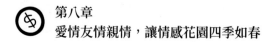

此時，從擴音器中他聽見大概是消防員的聲音：「你唯一的生路是往下跳，我們會用救生氣墊把你接住，你會很安全的。」

群眾繼續呼叫，年輕人看不見氣墊，沒有勇氣往下跳。他認為即使有救生氣墊，自己也可能摔傷，皮外傷沒關係，若變成殘疾，那自己以後如何生活？他這樣猶豫著，感到自己的雙腳似乎黏在了地上。

忽然，擴音器傳來他父親的聲音：「孩子！沒問題的，你可以跳下來。」

熟悉的聲音傳來，他一下子輕鬆了許多，覺得自己的雙腳可以鬆開了。

感悟：

　　父子連心，父子之間早已建立起來的信任，使膽怯的人有勇氣面對突然而至的災難，在危急時刻能夠保全自己。父愛、母愛的力量都是巨大的，它使人勇氣倍增、不再畏懼。

格言：

　　愛的力量比原子彈更厲害，愛也是奇蹟的泉源。

—— 卡內基夫人（Dorothy Carnegie）

關懷親人，讓親情抹去他們悲傷的記憶

愛迪夫婦都喜歡孩子卻不能生育，因此領養了一個男孩，他們叫他聖誕男孩，因為他是在快樂的聖誕節期間來的。

聖誕男孩一天天長大，他越來越清楚只有他才有權力每年挑選和裝飾聖誕樹，甚至在愛迪夫婦還沒有吃完感恩節的火雞時，他就開始急急忙忙地準備聖誕禮物清單了。每次過節，聖誕男孩都鼓舞他們，帶他們度過歡樂的時刻。

可是，在第 26 個聖誕節那天，聖誕男孩在丹佛街的一起汽車事故中喪生，當時他正要趕回家去看他的嬌妻和幼女。但他先到愛迪夫婦這裡裝飾了聖誕樹，這是他始終都堅持的儀式。

由於悲傷過度，愛迪夫婦賣掉了房子 —— 因為屋裡的一切都會激起對昔日美好生活的回憶。然後，他們搬到加州，遠離朋友和教堂。

在聖誕男孩死後的 17 年裡，他的妻子又結了婚，女兒也高中畢業了。愛迪夫婦退休後決定重返丹佛。

在一個暴風雪的黃昏，愛迪夫婦悄然返回。透過明亮的街燈，愛迪凝視著遠處的洛磯山脈。聖誕男孩喜歡到那裡去尋找聖誕樹，如今那裡的山腳有他的墳墓 —— 一個令人傷心又難以忘懷的地方。

有一天，當愛迪凝望山頂積雪時，他聽到剎車聲，接著便是一陣門鈴聲。來的竟是愛迪的孫女！在她那雙灰綠色的眼睛

和爽朗的笑聲裡，愛迪看到了她父親——聖誕男孩的影子。她身後拖著一棵大青松，還跟著她母親、繼父和十歲的異父弟弟。他們闖進來，笑聲陣陣，開啟葡萄酒，慶祝愛迪重返家園。他們裝飾了松樹，又愉快地把包裝好的禮物放在樹下。

這一次愛迪感到了安詳平和，感到生命的積極延續，中斷了 17 年的聖誕節氛圍又回來了。

感悟：

有時災難固然可使人身心俱毀，但是人間的那一片親情，卻不可忽視。因為那是永遠的避風港，是最最堅實的人生堡壘。關心老人，讓他們感受到親情的溫暖，何不在節日時送上獨特的禮物？

格言：

互相贈送禮物的家庭習慣，有助於增進父母與孩子之間誠摯的友誼。其主要意義並不在禮物本身，而在於對親人的關心，在於希望感謝親人的關懷。

—— 伊·佩切爾尼科娃

即使敵對的雙方，愛心也是存在的

　　第二次世界大戰，蘇聯軍已經把德軍趕出了國門，上百萬的德國兵被俘虜。每天，都有一隊隊的德國戰俘面容憔悴地從莫斯科大街上穿過。

　　當德國兵從街道走過時，所有的馬路都擠滿了觀看的人。蘇聯軍士兵和警察警戒在戰俘和圍觀者之間。圍觀者大部分是婦女。她們當中的每一個人，都是這場戰爭的受害者，她們每一個人，都和德國人有著一筆血債。

　　婦女們懷著滿腔仇恨，當俘虜們出現時，她們把一雙雙勤勞的手握成了拳頭，士兵和警察們竭盡全力阻擋著她們。生怕她們控制不住自己的衝動。

　　這時，最令人意想不到的事情發生了：

　　一位上了年紀的婦女，穿著一雙戰爭年代的破舊長筒靴。她走到一個警察身邊，希望警察能讓她走近俘虜看看他們。警察同意了這個老婦人的請求。

　　老婦人到了俘虜身邊，從懷裡掏出一包東西。裡面是一塊黑麵包，她不好意思地把這塊黑麵包塞到了一個疲憊不堪、用兩條腿勉強支撐的俘虜衣袋裡。

　　看著她身後那些充滿仇恨的同胞們，她開口說話了：「當這些人手持武器出現在戰場上時，他們是敵人。可當他們解除了武裝出現在街道上時，他們是跟所有人一樣的普通人。」

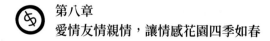

　　於是，整個氣氛改變了。婦女們從四面八方一起湧向俘虜，把麵包、香菸等各種東西塞給這些戰俘。

> 感悟：
>
> 　　愛心的力量是無窮的，即使是敵對的雙方，愛心也是存在的。敵人也是人，究竟是把敵人變成人，還是把人變成敵人，故事中的老婦人已經給了我們答案。

> 格言：
>
> 　　做好事的人到達寺廟的大門口，愛人的人則進入了殿堂。
>
> —— 泰戈爾（Rabindranath Tagore）

愛心支撐的承諾，能夠永恆

　　有一名礦工在礦坑挖煤時，不慎被未爆彈炸死。因為礦工是臨時聘用的，所以礦場只發放了一筆撫卹金，便什麼都不管了。

　　悲痛的妻子在喪夫之痛後又面臨著來自生活上的壓力，由於她無一技之長，只好收拾行李準備回到家鄉那個閉塞的小鎮去。這時礦工的隊長找到了她，建議她在礦工區開個麵包店，說不定可以維持母子兩人的生活。

　　礦工妻子想了一想，便答應了。

　　麵包店很快就開張了。開張第一天就一下子來了十個人。日子一天天過去，買麵包的人越來越多。最多時可達二、三十人，但最少時卻從未少過十個人，而且風霜雨雪，天天都不間斷。

　　時間一長，許多礦工的妻子都發現自己丈夫養成了一個固定習慣：每天下井之前必須吃一個麵包。妻子們百思不得其解。

　　直到有一天，礦工的隊長在挖煤時被未爆彈炸成重傷。彌留之際，他對妻子說：「我死之後，妳一定要接替我每天去買一個麵包。這是我們隊上十個兄弟的約定，自己的兄弟死了，他的老婆孩子無法生活，我們不幫誰幫？」

　　從此以後每天的早晨，在眾多買麵包的人群中，又多了一位女人的身影。時光變幻之間，唯一不變的是這十個人的身影。

　　時光飛逝，當年礦工的兒子已長大成人，而他飽經苦難的母親兩鬢花白，卻依然用真誠的微笑面對著每一個前來買麵包的人。那是發自內心的真誠與善良。

　　更重要的是，前來光顧麵包店的人，儘管年輕的取代了年老的，女人取代了男人，但從未少於十個人。歷盡十幾年歲月滄桑，依然閃亮的是十顆金燦燦的愛心。

感悟：

　　誠實守信、一諾千金是千百年來為人們所稱頌的美德。而守諾與真摯的愛心相結合，更成為無價之寶。用愛心支撐起來的承諾，能夠穿越塵世間的汙濁，抵達永恆。

> 格言：
>
> 無仁愛心者的人生，如同荒漠中的枯木。
>
> —— 提魯瓦魯瓦（Thiruvalluvar）

有時，愛心是一個善意的謊言

靠自學成為美國著名記者的威廉·卡爾，10歲時父母雙亡，他靠賣報紙為生。

一天，卡爾在紐約某電車站賣報紙，一個胖男子在電車的踏板上拿走了兩份報紙，還戲弄卡爾。卡爾從電車踏板上摔倒在地上，那胖男子卻哈哈大笑隨車而去。

這時一輛馬車停在卡爾身邊，一位眼裡噙滿淚花的小姐衝著遠去的電車罵道：「這滅絕人性的東西，宰了他！」

她俯下身子，對卡爾說：「孩子，我全看見了，你在這等我，我一會就回來。」

10分鐘後，小姐坐著馬車回來了，她一邊讓車夫描述如何追上電車，如何左右開弓教訓那胖男子，一邊將一個硬幣塞到卡爾手中，說這是追回的報紙錢。

卡爾認出，這小姐是當時的電影明星梅歐文小姐。

梅歐文真誠地對卡爾說：「孩子，你不要碰到一個這種壞

人就把所有的人都看成壞人，世上壞人是不少，但大多數是好人，像你、像我。我們都是好人，對不對？」

許多年後，卡爾回憶這一段經歷時說，梅歐文小姐是不可能追上電車的，但她的話、車夫的虛構是安慰弱小心靈的良藥。

「靠這些，我才沒有沉淪，才沒有將仇恨投向社會。」

感悟：

在受到傷害時，人們大多希望得到他人的幫助，這時，哪怕是一句善意的謊言，也可能會使受傷者得到莫大的安慰。用真誠和愛心去幫助需要幫助的人，是有意義的。

格言：

為了孩子，我的舉動必須非常溫和而慎重。

—— 馬克思（Karl Marx）

無價的三個字 —— 我愛你

有些夫婦用擁抱、親吻和公開地對對方、對他們的孩子說「我愛你」來表達他們彼此之間的愛。凱蒂和格雷厄姆組成的家庭不屬於這一類。他們擁有一個充滿愛和五個可愛孩子的家，他們只是不習慣老是把「愛」掛在嘴上。

第八章
愛情友情親情，讓情感花園四季如春

　　然而，有一天，談論愛的時候終於到來了——凱蒂需要讓她的女兒琳達非常了解：自己是多麼的愛她，她死去的父親生前是多麼的愛她。因為身患癌症的琳達將不久於人世了。

　　在琳達最後的幾個月裡，凱蒂常常坐在她的床邊，對她說出那三個簡單的字：「我愛妳」。凱蒂能看到女兒眼中有淚花在閃爍。這三個字對她來說，其意義是非同尋常的。

　　有一天，凱蒂正坐在琳達的床邊，電話鈴聲響了。打電話來的是琳達的小叔奈森和他的兩個孩子，阿什利和泰勒。

　　奈森的話語中抑制不住內心洋溢的熱情，他對凱蒂說：「我能跟琳達講話嗎？」凱蒂解釋道，她太虛弱了，甚至沒有拿電話的氣力。但奈森懇求凱蒂把話筒放到枕頭上，靠近琳達的耳朵。於是，凱蒂完全照做了。

　　奈森和孩子們沒有對琳達說什麼，而是一起唱了一首歌，是史提夫・汪達（Stevie Wonder）作詞、作曲的那首〈電話訴衷情〉（I Just Called to Say I Love You）。他們為唱好這首歌已經練習了好幾天了。

　　當歌聲停止的時候，琳達的臉上洋溢著一種被人深愛、無比幸福的神情。她卯足了渾身氣力，喃喃地說道：「真是美極了。」

　　三天之後，琳達死了。但在她離開這個人世的時候，她已經知道了自己在這一生當中是被人接受、被人欣賞和被人愛過的。

感悟：

　　「我愛你」是三個極其簡單的字，但人們往往由於各種原因而不願將它說出來。其實，適時地對你所愛的人說「我愛你」，這是一件無價的禮物。

格言：

　　「我愛你」……這樣的話是永垂不朽的。太陽也許什麼時候會熄滅，但這句話卻永遠不會熄滅。

　　　　　　—— 弗謝沃洛德‧柯切托夫（Vsevolod Kochetov）

電子書購買

爽讀 APP

國家圖書館出版品預行編目資料

操控命運，從叢林法則到金錢智慧的經營之道：
危機中有商機，競爭中求創新！把握人生每個
機會，經營人際關係靠智慧 / 錢微薇 編著 . -- 第
一版 . -- 臺北市：財經錢線文化事業有限公司，
2024.02
面；　公分
POD 版
ISBN 978-957-680-754-1(平裝)
1.CST: 修身 2.CST: 生活指導
192.1　　　113000603

操控命運，從叢林法則到金錢智慧的經營之道：
危機中有商機，競爭中求創新！把握人生每個
機會，經營人際關係靠智慧

臉書

編　　著：錢微薇
發 行 人：黃振庭
出 版 者：財經錢線文化事業有限公司
發 行 者：財經錢線文化事業有限公司
E - m a i l：sonbookservice@gmail.com
粉 絲 頁：https://www.facebook.com/sonbookss/
網　　址：https://sonbook.net/
地　　址：台北市中正區重慶南路一段六十一號八樓 815 室
Rm. 815, 8F., No.61, Sec. 1, Chongqing S. Rd., Zhongzheng Dist., Taipei City 100,
Taiwan
電　　話：(02) 2370-3310　　傳　　真：(02) 2388-1990
印　　刷：京峯數位服務有限公司
律師顧問：廣華律師事務所 張珮琦律師

定　　價：375 元
發行日期：2024 年 02 月第一版
◎本書以 POD 印製
Design Assets from Freepik.com

獨家贈品

親愛的讀者歡迎您選購到您喜愛的書，為了感謝您，我們提供了一份禮品，爽讀 app 的電子書無償使用三個月，近萬本書免費提供您享受閱讀的樂趣。

ios 系統　　　　　　安卓系統　　　　　　讀者贈品

請先依照自己的手機型號掃描安裝 APP 註冊，再掃描「讀者贈品」，複製優惠碼至 APP 內兌換

優惠碼（兌換期限 2025/12/30）
READERKUTRA86NWK

爽讀 APP

📱 多元書種、萬卷書籍，電子書飽讀服務引領閱讀新浪潮！

🎧 AI 語音助您閱讀，萬本好書任您挑選

🔍 領取限時優惠碼，三個月沉浸在書海中

🔔 固定月費無限暢讀，輕鬆打造專屬閱讀時光

不用留下個人資料，只需行動電話認證，不會有任何騷擾或詐騙電話。